Kauderwelsch

Band 74

Reise Know-How im Internet

Aktuelle Reisetips und Neuigkeiten
Ergänzungen nach Redaktionsschluß
Büchershop und Sonderangebote

WWW
http://www.reise-know-how.de/

REISE KNOW-HOW

Der
Reise Know-How Verlag Peter Rump GmbH
ist Mitglied der Verlagsgruppe

Reise Know-How

Kauderwelsch

Sächsisch das wahre Deutsch

Eva-Maria Bendixen und Klaus Werner

Kauderwelsch Band 74
Sächsisch - das wahre Deutsch
von Eva-Maria Bendixen und Klaus Werner

Reise Know-How Verlag Peter Rump GmbH
Osnabrücker Str. 79
D-33649 Bielefeld

3. Auflage 1999
ISBN 3-89416-264-3

Zeichnungen: Stefan Theurer
Umschlag: Peter Rump
Druck & Bindung: Fuldaer Verlagsanstalt GmbH, Fulda

Dieses Buch ist in jeder Buchhandlung der BRD, Österreichs, der Schweiz und der Niederlande erhältlich. Bitte informieren Sie Ihren Buchhändler über folgende Bezugsadressen:
BRD: Prolit GmbH, Postfach 9, D-35461 Fernwald (Annerod) und die Barsortimente
Schweiz: AVA-buch 2000, Postfach 27, CH-8910 Affoltern
Österreich: Mohr Morawa GmbH, Sulzengasse 2, A-1230 Wien
Benelux: Assimil Benelux, 5-7 Rue des Pierres, B-1000 Bruxelles

Wer im Buchhandel kein Glück hat, bekommt unsere Bücher **auch direkt** bei:
Rump Direktversand, Heidekampstr. 18, D-49809 Lingen (Ems).

Zu diesem Buch ist eine **Tonband-Begleitkassette** erschienen. Näheres dazu steht auf Seite 11.

Der Verlag will die Kauderwelsch-Reihe ausbauen und **sucht Autoren** für:
Balinesisch, Fränkisch, Rätoromanisch und Spanisch für Peru

Inhalt

WE ARE SÄGGSI!

Vorwort

"Wem noch einige Zweifel übrig bleiben sollten, daß unsere höhere Schrift- und Gesellschaftssprache in dem südlichen Chursachsen einheimisch ist, der komme und überzeuge sich durch den Augenschein."

Als Johann Christoph Adelung dies 1782 niederschrieb, konnte er nicht ahnen, daß das Sächsische eines Tages in Deutschland als komisch, wenn nicht sogar lächerlich gelten würde.

Aus der Nähe betrachtet, ist das Sächsische eine deutsche Mundart wie viele andere. Aber es rührt wohl nicht zuletzt aus der 40jährigen Selbstisolation der alten DDR her, daß diese Mundart als eigentümlich und exotisch empfunden wird. In westlichen Gefilden galt Sächsisch manchmal als die Sprache Ostdeutschlands schlechthin. Der "Ossi" war nur als sächselnder Gemütsmensch vorstellbar. Inzwischen ist man schlauer: Nicht jeder "Ossi" ist ein Sachse, aber jeder Sachse ist ein "Ossi".

Ob es nun an den politischen Gegebenheiten oder an der Herzlichkeit und Gemütlichkeit der Sachsen liegt - das Interesse an Sächsisch ist sprunghaft gestiegen. Immer mehr Besucher wagen sich auf Entdeckungstour ins Sachsenland, und immer häufiger trifft man auf einen weltreisenden Sachsen, der die Kunde von einer bisher kaum bekannten, dem Deutschen aber sehr ähnelnden Sprache in die abgeschiedensten Winkel dieser Welt trägt.

Unser Büchlein entstand als Reaktion auf dieses breite Interesse. Wir möchten dazu beitragen, die verständliche Neugier an uns "neuen" Deutschen und an unserer schönen Sprache etwas zu stillen. Daß dies auf vergnügliche Weise geschieht, liegt an unserem sächsischen Naturell. Gleichzeitig geben wir dem auf Sachsen-Safari gehenden Leser ein Hilfsmittel in die Hand, damit er der heute wieder aktuellen Forderung aus dem 18. Jahrhundert gerecht werden kann. "Ich glaube, wer kein Sachse ist, muß sich bemühen, so sprechen zu lernen, daß man wenigstens seine Landsmannschaft nicht errate." (Hermes)

Hinweise zur Benutzung

Bei der **Wortauswahl** haben wir uns bemüht, vorwiegend solche mundartlichen Wörter und Wendungen anzuführen, die in der heutigen Umgangssprache noch verbreitet sind. Da es sich um Umgangssprache handelt, gehören die meisten dieser Wörter zur normalsprachlichen Stilebene. Zur besseren Charakterisierung der Bedeutung und des Gebrauchs dieser Wörter wurden möglichst stilistisch adäquate Übersetzungen ins Hochdeutsche oder Beispielsätze bzw. Redewendungen angeführt. Vulgäre Begriffe, die man nicht unbedingt aktiv gebrauchen sollte, wurden mit einem Sternchen markiert.

Die heutige sächsische Umgangssprache ist natürlich stark vom Hochdeutschen beeinflußt. Deshalb schien es uns angebracht, auch solche hochdeutschen Wörter zu berücksichtigen, die durch die sächsische Aussprache sehr starkes Mundartkolorit erhalten. Erst die Einheit von regionaler Lexik, Eigenheiten der Grammatik und der Aussprache machen das Besondere des Sächsischen aus.

Um den Leser vor einer ungewollten Vermischung eigenen Wortguts mit sächsischem zu bewahren, haben wir alle sächsischen Ausdrücke in **Fettdruck** hervorgehoben. ***Kursiv*** geschrieben wurden die Begriffe, von denen sich der sächsische herleitet bzw. die literatursprachliche Variante des Wortes.

Im Buch wird eine **Umschrift** verwendet, die eine möglichst originalgetreue Reproduktion des sächsischen Aussprache ermöglicht. Allerdings kann damit natürlich die besondere sächsische Satzintonation nicht nachgestaltet werden. Diesbezüglich verweisen wir auf die Millionen 'lebender Wörterbücher'. Man komme, höre und staune!

Wie morrsch schbrichd

De säggssche Schbraache is nämlich iewerhaubd nich so eefach ze erglährn. Da mußmorr sich ooch dichdch anschdreng, wemmorr als Ungeiebder, der morr ja is, wemmorr nich fon dorrdn gomm duhd, da maa was naachmachn will, heje! Ich willma brobiern, obch das soo erglährn gann, daßde ooch jeder weeß, wieorrsch ze machn had.

Also: Zeerschdema mußmorrsch Ginn ä bißchen nach forrne schiem, ich meene denn gansn Undergiefer, sonsd gammorr glei einbaggn. Wärde das nich gann, sollde am bäsdn glei nach Bayern nundermachn un denn ihre Schbrache schdudiern. Mihr lassn uns doch unsorr scheenes Säggssch doorsch geen forhunnsn.

Also nochämma: Undorrgieforr nach forrne, dann de Mundwinggl ä Häbbchen nach undn zerrn, un das wahrsch ooch schon balde ... Wissnse, warum das bei Sie nich glabbd? ... Weilse de Gusche zu schbidds machn! Machnse doch ma richdch de Libbm breed. ... Sähnse! Glei fiel scheener. So sähre schwähr isses nämlich werglich nich, aworr gelernd sinn musses ooch. Obwohl, wemmorr bedengd, daßde das schon de gans gleen Ginndorr in Leibzch odorr Worrzn odorr Oschadds odorr Drähsdn genn, da sollde morr sich als Erwaggsnorr nich so bleede anschdelln. Wie siehdn das aus?! Se wärns'ch doch nich forr so ä gleen Roddsleffl aus Lammborrdswalde blamiern wolln!

Soo, nu wollmorr ma guggn, obse midn Laudn zerechdgomm duhn. Ä baar hammorr nämlich iewerhaubd nich. Wemmorr sich da de Gonsenandn fohrnähm duhd, gammorr fesdschdelln, daßde morr gee "P" ham. Das duhn mihr ooch nich gebrauchn. Nuu gans aworr bassiern, daßde dä Ginndorr in dorr Schule ma ieworr dä Herschdellung fon Babbe odorr Babier reedn duhn unds Word oochema in ihr Deidschhefd schreim missn. Da saachd dann dorr Lährer: "Ginndorr, offbassn, 'Babbe' schreimorr mid 'Babbelbaum-B'." Da duhn dä gleen Indellegänsbolsn glei wissn, was das is. Schdarg, he?

Odorr ooch midn "K" simmorr ä Häbbl geschdraafd, weilmorr das ooch nich hamm. Dä Ginndorr goofn in Gonnsumm "Gaugäddschorr", undorr Forrgeiforr weeß off dorr Schdelle, daßde de gleen Wännsdorr "Kaugummi" meen. So saachds aworr geener, das glingd so geginsdld.

Manchema isses ieworrhaubd nich so eefach ze gabiern, was eener meend. Wennchmorr da das Word "Duhr" angugge, woher sollchn wissn, ob eener änne "Tour" machn will, odorr obborr nu ä Schdigge off dorr Drombeede in "Dur" blasn will? Das's dichdch zweedeidch. Da gammorr oochämma in ä Feddnäbbchn drähdn.

Noch fiel gomblizierdorr sinnde Wogahle, da gibbds Reechln, die gibbds ieworrhaubd nich. Fasd gee Laud ausn Hochdeidschn wärrd so geschbrochn, wiemorr das schreim duhd. Frieer haddmorr ma änne Schdadd mid drei "A", da hammsn Nahm geändorrd, weil das geenorr schbrechn gonnde, so wiemorrsch schreim dahd. Jedsd heeßd das Nesd Gemmnids, fohrhähr saachde jeder "Gorl-Morgs-Schdodd". Iß "A" wärd ähm meisdndeels wie ä "O" geschbrochn. Aworr mihr ferschdeen uns gnorge. Wennch "Bobbo" rufe, meench nich mei Bohbser, sonsd mißdch ja ooch "Bohboh" rufn, nee, dorr Babbi, dorr Babba, soll gomm. Odorr wenn ä Word mid ä "O" anfang duhd, mußmorr das richdch ä bissl zum "U" währn lassn, eechndlich heesdorr Großfader "Oubah". Aworr dassis schon de hohe Schule, da missnssch noch ä Häbbl mähr bemiehn un nich alles eefach so ehfälldch nachgwaagn.

Iß "E" is och änne scheisliche Angeleechnheed. Das'ne Gunsd! Mährschdndeels schbrechmorr da eefach ä "Ä". wie bei "Sähnse!".

Inde Dobbllaude finds'ch ieworrhaubd gee Aas nei. Wennde da geene Ahnung hasd, bisde dahdsächlich forrloorn, wennde fon auswärrds gommsd. Da brauchsde ooch nich glei rubbch ze währn odorr ze diggschn, da musde dich ähm off dei Bohboh seddsn, de Lauschleffl offschbärrn und iehm. Wennda da eener "Gugge, de Meise!" bläägd, meend där hundordbrodzendch de "Mäuse", denn weechn ännorr Meise dähde där nich so ä Gesummse machn. Offbassn missnse beis "ei" und beis "au". Ausm "ei" gammorr nur ä "ee" machn, wennde das Worrd schon immorr mid ä "ei" offgedrähdn is – z. B.

heesn da "Beine" bei uns "Beene", aworr machnse ausm "Weib" nie ä "Weeb", das is falsch und forrschdehd gee Aas. Das liechd dadran, dasde unsre Forhfahrn ärchndewann ma "Wieb" odorr so geblähgd hamm, wennde dä Olle gomm sollde. Oochs "au" dährfnse nur zu ä "oo" machn, wennde dorr Laud immorr so äggsisdierde - z. B. "laufen" wärd zu "loofn", aber "Zaun" niemals zu "Zoon". Wennse das falsch machn duhn, mährgd jedorr, dasde Sie gee ächdorr Saggse sinn.

Wennse sich das alles off dorr Zunge zorrgehn lassn duhn, mährgnse, dasde mihr mid fiel weenchorr Laudn ausgomm als de andorrn. Morr hamm geene hardn Wogahle, morr hamm nich so ä Moorgs wies "X" un "Y" odorr ooch "Q". Nachä "V" brauchnse ooch nich ze guggn, dadorrfor hammorr ä "F" odorr ä "W". Unsre Ginndorr hamms fiel eefachorr, bloß wennsema ä hochdeidsches Digdahd schreim solln, hammsn Schlamassl. Da ganns schon ma bassiern, daßde sich da ä baar fährchdorrliche Fählorr einschleichn duhn, weilde gleen Dussldiehre bein Zuheern geboofd hamm. Aworr das gommd inde besdn Famielchn fohr.

Wie morrsch schreim duhd

Währde das Gabiddl ieworrsch Schbrechn indressierd un uffmährgsahm schdudierd had, weeß schon so guhd, wie morr säggssch schreim duhd. Das is dodahl eefach: Morr duhds schreim, wie morrsch schbrichd. Un da morrsch zeerschd schbrichd, mußmorrsch dann ooch so schreim.

Un wemmorr de Wärdorr ähmso schreim duhd, wiese ze hährn sinn, gammorr ieworrhaubd geen eenzchn Fählorr machn. Eechndlich isses eega, obbde langn Wogahle, die sähre heifch fohrgomm duhn, dobbld odorr eefach mid ä "h" geschriem währn. Obbch nu "Wogahle" odorr "Wogaale" schreim due, is Jagge wie Hose.

Offbassn mußmorr bei de fieln Zesammfiehchungn. Da währn eefach ganse Worddeele nausgefaggd, un es endschdehn solche närrschn Sachn wie "wemmorr" (wenn man) odorr "hammorr" (haben wir). Wemmorr das erschdema gefrässn had, gammorr mundorr druff losbinnsln.

Säggssch gibds garnich

Offensichtlich gibt es Sächsisch gar nicht. Versuchen Sie nur einmal, in einem besseren Nachschlagewerk zu erfahren, was denn nun Sächsisch sei, und Sie werden Ihr blaues Wunder erleben. Zumeist verschweigen die Verfasser dieses Stichwort. Allein die Finnen zollen dem Sächsischen die gebührende Achtung. Auf gut Finnisch heißt "deutsch": *saksa!*

Auch für den Durchschnittsbürger ist die Sache denkbar logisch: Sächsisch sprechen die Sachsen, und die wohnen in Sachsen. Damit meint man dann zumeist das Gebiet zwischen Leipzig, Chemnitz und Dresden. **Glahr? - Glahr!**

Aber das Sachsenland ist größer. Und was machen wir mit den Mundarten der Randsachsen im Erzgebirge, der Lausitz usw., deren Sprache dem Kernsächsisch um Leipzig oder Dresden nur in manchem gleicht oder ähnelt? Versuchen wir, der Sache auf den Grund zu gehen.

Zunächst sei einmal festgehalten, daß eine Mundart die gesprochene Sprache ist, in der das einfache Volk in einem geographisch relativ beschränkten Raum tagtäglich die Zunge wetzt und damit einen fremden Besucher schier zur Verzweiflung bringen kann. Dabei ist die sächsische Sprache beileibe keine Fremdsprache. Sie vererbt sich im täglichen Sprachgebrauch von Generation zu Generation.

Sowie nun das Volk durch Bildung, Medien und Umgangskultur mit der Schriftsprache, also der Hochsprache, Kontakt erhält und beginnt, sich nach deren Normen zu richten, gibt es leider schrittweise seine ursprüngliche Mundart auf und spricht in der sogenannten Umgangssprache. Auch in Sachsen gibt es nur noch relativ eng begrenzte Gebiete außerhalb der Städte, in denen zumindest als 'Zweitsprache' für den Hausgebrauch noch wirklich in der seit Jahrhunderten vererbten Mundart geredet wird. Wie man gerade aus dem Sachsenlande weiß, kann die heutige Umgangssprache allerdings noch genügend altes Mundartkolorit und überlieferte mundartliche Wörter enthalten, aber es ist nicht mehr das alte Deutsch, mit dem die Vorfahren der heutigen Sachsen so zwischen dem 11.-13. Jahrhundert in das Gebiet östlich der Saale einreisten.

Zu den damaligen Ostreisenden gehörten auch echte Sachsen, Angehörige eines westgermanischen Stamms, der von der zivilisierten Welt erstmals zu Beginn unserer Zeitrechnung in Holstein entdeckt wurde. Bis zum 8. Jahrhundert nannten die gebietshungrigen Sachsen schon das Fleckchen zwischen Rhein und Elbe sowie zwischen Eider und Unstrut ihr eigen, ganz zu schweigen vom angelsächsischen Teil der Sippe, der sich seit dem 4. Jahrhundert auf den britischen Inseln lümmelte. Wenn man so will, gründet sich also Sachsen, angefangen bei den Ursachsen bis hin zum Namen, auf Westimporte. Das erklärt vielleicht die besonders starke innere Verbundenheit der Ostsachsen mit den Westgermanen, die sich scheinbar aus dem Nichts heraus im Herbst '89 mit solcher Urgewalt manifestierte. Logisch konsequent gedacht, hätte die Wende deshalb richtigerweise unter der Losung "Wir sind ein Sachsenvolk" stehen müssen. Aber dann hätten die Berliner und die Plattdeutschsprecher nicht mitgespielt, und die Revolution hätte abgesagt werden müssen.

Doch zurück zu den gen Osten ziehenden Germanen. In vier großen Marschkolonnen strömten germanische Siedler aus vier verschiedenen deutschen Dialektzonen in das gelobte Slawenland, aus dem sich die germanischen Stämme so um das 4. Jahrhundert nach dem Motto "TEST THE WEST" freiwillig gen Westen verabschiedet hatten. Die vier Besiedlungsströme lassen sich an den damals verliehenen Ortsnamen teilweise nachvollziehen. Für den Marktflecken Leipzig dachte man sich allerdings erst gar keine neue Bezeichnung aus, man übernahm einfach den slawischen *(Lipsko).*

Bevor sich die Germanen einigten, in welcher Mundart sie denn nun so miteinander verhandeln wollen, mischten sie sich - nicht faul - mit den dort schon ansässigen Slawen und entliehen sich ein paar schmucke Wörter für den täglichen Bedarf. Auch wenn sich die Wissenschaftler wegen mancher Wortauslegung noch duellieren, steht fest, daß sich die Sachsen beispielsweise die Wörter Plinsen (Eierkuchen) oder Mauke (Kartoffelbrei) bei ihren slawischen Hausnachbarn abgelauscht haben. Über die Sprache der germanischen Siedler hinaus konnten sich einige slawische Wörter sogar in die deutsche Hochsprache hocharbeiten, wie z. B. Grenze, Gurke, Hamster, Peitsche, Quark.

Man war nun also an Ort und Stelle, arbeitete sein hartes tägliches Pensum und begann, über die Dorfgrenzen hinweg zu plaudern. Sowohl innerhalb der einzelnen kleinen Siedlungsräume als auch überregional wirkten das unterschiedliche Wortgut und die differierende Aussprache aufeinander ein, durchdrangen einander und schliffen sich gegenseitig ab. Aber schon damals konnte man sich über die deutsche Einheit nicht gleich einig werden. Die Vogtländer und die Oberlausitzer beispielsweise grenzten sich ab und scherten sich wenig um den Sprachausgleich mit den Kernsachsen. So dürfen sie sich heute auch nicht beschweren, wenn man ihre Sprache beim besten Willen nicht zum Sächsischen zählen kann.

Nun hatte der Ausgleich der verschiedenen Mundarten nichts mit unseren heutigen demokratischen Gepflogenheiten gemein. Die Randgruppenproblematik war noch nicht entdeckt, und Basisdemokratie existierte noch nicht einmal als Wort. Das Zentrum hatte das Sagen. Als solches etablierte sich die Gegend um Meißen, die zur Wiege des heutigen Sachsen werden sollte. Die dort herrschenden Wettiner krallten sich 1423 Sachsen-Wittenberg, einen Rest des ehemals starken Herzogtums Sachsen. Getreu der Devise "Wenn du nimmst, so nimm stets reichlich!" übernahmen sie bei diesem Schnäppchen gleich noch den Namen "Sachsen" als Zugabe.

Von der meißnischen Kernlandschaft um Leipzig - Meißen - Dresden - Freiberg aus verdrängte das dort vorherrschende Mitteldeutsche stark die niederdeutschen Einflüsse im Norden und die oberdeutschen im Süden. So kommt es, daß alle Mundarten und die Umgangsspache im sächsischen Raum heute wesentlich mitteldeutsch geprägt sind.

Mundarten im Freistaat Sachsen

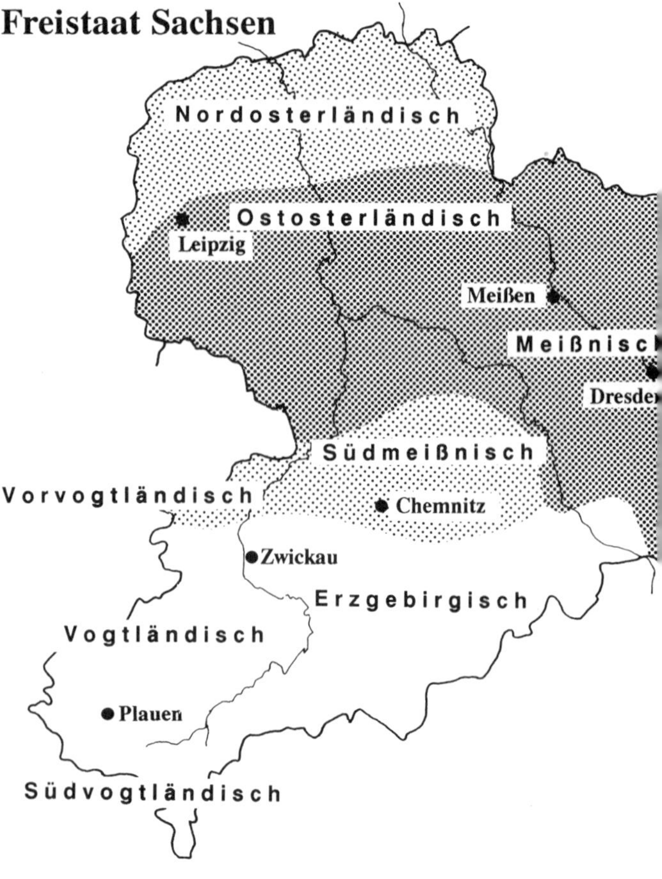

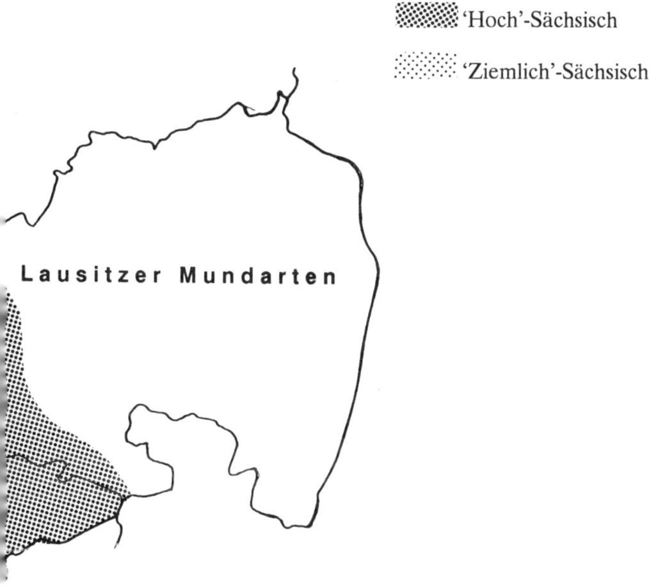

Trotz allen Sprachausgleichs bewahrten sich aber die sächsischen Untertanen in den verschiedenen Gebieten genügend sprachliche Eigenständigkeit. Die Karte verdeutlicht diese Differenzierung in der obersächsische Sprachlandschaft ("obersächsisch" genannt im Unterschied zu "niedersächsisch" weiter westwärts). Die darauf eingezeichneten Sprachgrenzen sind in der Realität natürlich fließende Übergänge.

Seriöse wissenschaftliche Untersuchungen gestatten es uns nun, die Mundarten völlig unwissenschaftlich in folgende Schubkästen zu stecken:

- Nordosterländisch (Sächsisch mit niederdeutschem "Drall").
- Südostosterländisch, Südwestosterländisch, Nord-, Ost- und Westmeißnisch bilden die eigentliche sächsische Elite.
- Vorvogtländisch, Vor- und Osterzgebirgisch haben den Übergang zum Mitteldeutschen noch nicht geschafft (bedingt Sächsisch).
- Vogtländisch und Westerzgebirgisch im Süden orientierten sich schon immer mehr zum Oberdeutschen (kein Sächsisch).
- Südvogtländisch muß als nordbayrische Mundart, also Oberdeutsch betrachtet werden (weiß Gott kein Sächsisch).
- Die Lausitzer Mundarten stellen den Übergang zum Schlesischen dar und haben deshalb keinen Anspruch auf das Prädikat "Sächsisch".

Doch was passiert mit den Mundarten weiter? Das Sachsenland erstarkt politisch und wirtschaftlich immer mehr. Helle, wie die sächsischen Manager nun einmal sind, gehören die großen sächsischen Städte bald zur ersten Garnitur in deutschen Landen. Infolgedessen wird die in den sächsischen Kontoren und Kanzleien gängige Geschäfts- und Verkehrssprache zur weithin anerkannten sprachlichen Norm. In diesem Kanzleideutsch verbanden sich eine alte Schrifttradition aus dem fränkischen Süden und die vom fleißigen Personal gesächselten Mundarten.

Als sich Luther nun in seine Kemenate zurückzieht, um den Deutschen das Fremdsprachenlernen zu ersparen, benutzt er logischerweise vorwiegend jenes in ganz Deutschland mehr oder weniger verstandene Meißnische Kanzleideutsch. Denn schließlich sollte die in die neuhochdeutsche Schrift gebrachte Bibel jedermann verständlich sein. Am Anfang (der deutschen Einheit) stand also das Wort - das sächsische!

So stolz man in Sachsen auf die besondere lautliche Nähe zwischen der neuen Schriftsprache und eigener Mundart war, hatte diese Konstellation eine nicht geplante Nebenwirkung. Relativ leicht wie nirgendwo anders in Deutschland dringen dadurch Wörter und Ausdruck der geschriebenen Sprache in die sächsische Umgangssprache ein und verdrängen überlieferte mundartliche Bestandteile. Die Sachsen sprechen zunehmend das geschriebene Deutsch, allerdings nach überliefertem Lautsystem und im traditionellen Tonfall.

Als es vom 16./17. Jahrhundert an mit Sachsen steil bergauf geht, feiert die in den sächsischen Zentren gebräuchliche Umgangssprache Triumphe. Seit jener Zeit ist die heutige sächsische Umgangssprache in den Städten Sachsens verbreitet.

Ganz Deutschland liegt dem Sächsischen zu Füßen und huldigt ihm in den lieblichsten Tönen. So schreibt denn auch Gottschedt, der bedeutende ostpreußische Sprachlehrer jener Zeit, "Ganz Deutschland ist schon längst stillschweigend darüber eins geworden (...), daß das mittelländische oder obersächsische Deutsch die beste hochdeutsche Mundart sei, indem es dasselbe überall (...) auch im Schreiben nachzuahmen und zu erreichen suchet." Zu jener Zeit teilt die sächsische Sprache das Ansehen des prosperierenden und mächtigen sächsischen Staates. Mit der Niederlage Sachsens gegen Preußen im Siebenjährigen Krieg (1756-1763) geht nicht nur die Vormachtstellung Sachsens zu Ende, auch die sächsische Umgangssprache teilt folgerichtig dieses Schicksal.

Preußischer Geist und preußische Sprache ziehen in deutschen Landen ein. Sächsisch wird zunehmend verspottet. Zu Beginn des 20. Jahrhunderts avanciert Berlin zum kulturellen Zentrum Deutschlands und setzt zunehmend die sprachlichen Normen. In diesem Sog wird das Niederdeutsche zur offiziellen Aussprachenorm; Mitteldeutsch ist out, es darf darüber gelacht werden.

Zu ergründen, woran es lag, daß die sächsische Umgangssprache zum Synomym für Ulk und Lächerlichkeit wurde, übersteigt die Möglichkeiten dieses Büchleins, bestimmt doch letztlich immer das Verhältnis zu uns Sachsen, was man von unserer Sprache hält. Denn die im Zentrum Sachsens heute gesprochene Umgangssprache - und das verstehen wir in diesem Buch also unter Sächsisch - ist weder besseres, noch schlechteres Deutsch als das woanders intonierte. Sie ist die sprachliche Normalität eines stolzen und selbstbewußten Völkchens in Mitteldeutschland. **Ieworrzeichnsä sich sällbsd!** (Überzeugen Sie sich selbst!)

Die Widerstandsgrammatik

Trotz mancher weltbekannter Erfindung der Sachsen auf anderen Gebieten (man denke nur an das Meißner Porzellan!) haben es die großen Geister sächsischer Zunge - sicherlich aus falscher Bescheidenheit - bisher versäumt, die Grammatik der sächsischen Sprache zu schreiben. Das ist um so bedauerlicher, als es an Formenreichtum in unserer Sprache wahrlich nicht mangelt. Und behaupte niemand, dahinter stecke kein System! Wie könnten wir uns sonst untereinander so prächtig verstehen und gar Universitäten und Akademien in unseren Gefilden existieren?

Wenn schon jemand einmal ernsthaft versucht, System in unsere Art des Satzbaus, der Beugung oder sonstiger grammatischer Überflüssigkeiten zu bringen, so geschieht das zumeist mit einem Alleinvertretungsanspruch der hochdeutschen Schriftsprache. Man ergreift einen ahnungslosen sächsischen Satz, zerpflückt ihn bis in seine intimsten Bestandteile und stellt ihn nun seinem gestriegelten hochdeutschen Pendant gegenüber - und dies alles nur, um am Schluß festzustellen, was dem sächsischen Satz an Unzulänglichkeiten, Auslassungen und Unterentwicklungen so anhaftet.

Was für eine weltfremde Verfahrensweise! Obwohl sich bekanntermaßen kaum jemand in Deutschland in diesem getrockneten Hochdeutsch unterhält, sollen sich alle Mundarten danach richten. Doch spätestens seit dem Herbst '89 weiß die Welt, daß die Sachsen ein gar selbstbewußtes Völkchen sind. Doch auch schon lange vor der Wende praktizierten wir den täglichen zivilen Ungehorsam gegen zentralistische Dudenpolitik und doktrinäre Staatsschulgrammatik, indem wir redeten, wie uns der Schnabel gewachsen war.

Nun gilt es, auch im Bereich der Sprache der schlichten Wahrheit zum Durchbruch zu verhelfen, die da lautet: Nichts geht über das Sächsische! Wer dies nicht glauben mag, lasse sich anhand einiger ausgewählter Beispiele von der Überlegenheit der sächsischen Sprache überzeugen.

Macht man sich nur einmal die Mühe, die hochdeutsche Normsprache im Sinne des Widerstandes an der sächsischen zu messen, stößt man auf ein erstaunliches Phänomen: die degenerierte Hochsprache hat sich in ihren selbstgebastelten Regeln und Gesetzen so verstrickt, daß für die einfachsten Ausdrücke ein im Vergleich zum effektiven Sächsisch enormer Aufwand betrieben werden muß.

Man betrachte nur einmal die persönlichen Fürwörter! Wo das Hochdeutsche zwei Wörter benutzt, und zwar Fürwort und Tätigkeitswort, kommen wir oft mit nur einem Wort aus und sparen außerdem noch Buchstaben ein, z. B.:

ich habbe	ich habe	**habbch**	habe ich
de hasd	du hast	**hasde**	hast du
se hadd	sie hat	**haddse**	hat sie
er hadd	er hat	**haddorr**	hat er
mir hamm	wir haben	**hammir/hammorr**	haben wir
ihr habbd	ihr habt	**habbdorr**	habt ihr
se hamm	sie haben	**hammse**	haben sie

Mit welcher verqueren Logik dieser einfache Sachverhalt von der obrigkeitstreuen Pseudowissenschaft uminterpretiert wird, sei an dieser Stelle als abschreckendes Beispiel dargestellt. In jener Denkart heißt es: "Vor allem das Personalpronomen, unterstützt durch die Formen des finiten Verbs, tritt in Proklisis wie in Enklisis weitgehend verschliffen auf."

Noch deutlicher tritt die Prägnanz und geschliffene Kürze des Sächsischen hervor, wenn man die folgenden typischen Sätze betrachtet:

Da gäbchsn.	Da gebe ich es ihm.
(2 Wörter, 9 Buchstaben)	(4 Wörter, 14 Buchstaben)
Gondersers sahchn?	Konnte er es ihr sagen?
(2 Wörter, 16 Buchstaben)	(5 Wörter, 18 Buchstaben)

Aus dem Gesagten läßt sich die **1. Merkregel** unserer Widerstandsgrammatik ableiten:

Um Sächsisch zu sprechen, entziehe man dem Hochdeutschen die überflüssigen Buchstaben und künstlich eingefügten Trennungen zwischen den Wörtern!

Doch zurück zum Fürwort. Bekanntlich geht die konservative Grammatik davon aus, daß das Fürwort seinen Platz im Satz einzunehmen hat, passiere mit ihm, was da wolle. Wie flexibel und dynamisch dagegen das sächsische Fürwort. An unwichtigen Stellen, wo es das Verständis eher erschwert und durch seine bloße Anwesenheit den Redefluß unnötig verzögert, hält es sich zurück. Dagegen tritt es an wichtigen Stellen lieber gleich doppelt in Erscheinung. So würde sich das Fürwort "ich" im Satz "**Habbs forrschdandn.**" völlig überflüssig fühlen. Andererseits ist es sicherer, im Satz "**Ich Esel ich!**" gleich zweimal aufzutreten, denn wie schnell hat sich ein anderes Fürwort, beispielsweise "du" eingeschlichen - mit welchen Konsequenzen, kann sich jeder ausmalen. Weil wir

Sachsen höfliche Leute sind, sprechen wir eben die Personen lieber einmal mehr als zu wenig an, z. B.:

Ährdede heeme gommsd, ...	Bevor du nach Hause kommst, ...
oder auch:	
Loofe du maa niwer!	Lauf einmal hinüber!
Loohfd ihr norr zu!	Lauft nur zu!

Das bürokratische Hochdeutsch dagegen hat sich von den Menschen weit entfernt und sagt: "Lauf einmal hinüber!" bzw. "Lauft nur zu!" Diejenigen, die die Arbeit letztendlich machen sollen, haben nichts zu sagen, kommen einfach nicht mehr vor.

Daraus ergibt sich die **2. Merkregel** der Widerstandsgrammatik:

Sagen Sie immer deutlich, wen Sie meinen, wiederholen Sie das Fürwort lieber! (Bedenken Sie dabei, daß Sie schließlich Dialekt sprechen und sowieso schon schwer verstanden werden!)

Sie haben sicherlich schon davon gehört, mit welch kämpferischem Elan fortschrittlich gesinnte Bürger unter den Deutschsprechenden bemüht sind, eine der schlimmsten Fehlentwicklungen des Hochdeutschen, das patriarchalische "man", zu eliminieren. Ob sich der vorgeschlagene Ersatz "Mensch" (z. B.: "Mensch hat's nicht leicht.") durchsetzen wird, kann heute nur vermutet werden. Mit Sicherheit jedoch kann festgestellt werden, daß das Sächsische dieses Problem nie kannte und somit seit Jahrhunderten schon dort ist, wo die Hochsprache erst wieder hin will. Das "man" wurde gar nicht erst in Umlauf gesetzt. So sagen wir: "**Da hammse uns widdorr dichdch neingeleechd.**" und benennen unter Umgehung des alles verschleiernden "man" die Urheber allen Übels ganz konkret: "**se**" bzw. in der uneffektiven hochdeutschen Schreibweise "sie", also die Obersten, die Regierung eben.

Auch dort, wo sich in der modernen Zivilisation der Mensch immer mehr von sich selbst entfremdet und "man" anstelle von "ich" gebraucht, bewahrt das Sächsische das selbstbewußte und geradezu bekennerhafte "**morr**", z. B.: "**Morr is fihl ze guudmiehdch un ze dumm.**" oder auch: "**Hadd morr dänn Deene!**" Zugleich bedeutet dieses urdemokratische "**morr**", daß sich der Sprecher zu einer großen Menschengruppe zugehörig und in ihr geborgen fühlt. "**Morr gännde heiln!**" Wo noch in unserer gefühlsarmen Industriegesellschaft offenbart man sich so offen seiner Umgebung?

Das alles führt uns zwingend zur **4. Merkregel** der Widerstandsgrammatik:

> Sächsisch sprechen heißt, sich als Teil der sächsischen Gemeinschaft zu begreifen und intensiven Kontakt zu seinen Mitmenschen zu pflegen!

Von der Effizienz und vom urdemokratischen Charakter des Sächsischen war schon die Rede. Zu einer besonderen Qualität des sprachlichen Ausdrucks gelangt unsere Sprache dort, wo sich beide Elemente harmonisch miteinander verbinden. Stellvertretend für viele andere Erscheinungen sei dies beim Gebrauch des 2. Falls demonstriert:

> **- Wän seine Chagge isn das?** Wessen Jacke ist das?
> **- dän seine Schwäsdorr** oder: **- von die dä Schwäsdorr**

Merken Sie den Unterschied zum Hochdeutschen? Dem Sächsischen gelingt mit vergleichsweise einfachen und bekannten Worten einen Sachverhalt darzustellen, wozu das Hochdeutsche mit "dessen" und "deren" zwei völlig neue Wörter erfinden mußte (ineffizient), die schon aufgrund ihrer Seltenheit keine Chance haben, von der Bevölkerungsmehrheit aufgenommen zu werden (undemokratisch).

Beherzigen Sie deshalb die **5. Merkregel** der Widerstandsgrammatik, die da lautet:

> Benutzen Sie Ihren von Mama und Papa ererbten Grundwortschatz! Meiden Sie den 2. Fall und den Gebrauch von Kunstwörtern! Besinnen Sie sich auf die schlichte Schönheit der menschenverbindenden sächsischen Umgangssprache!

Es heißt, an der Sprache erkenne man den Charakter. Wenn dies stimmt, und wir sind dafür, daß es stimmen möge, gehören die Sachsen zu den fleißigsten Menschen in deutschen Landen. In unserer Sprache spielen nämlich die Verben, die ja früher nicht umsonst Tätigkeitswörter hießen, eine außerordentlich große Rolle. Zum einen erkennt man das daran, daß wir neben dem ja nicht gerade kleinen Vorrat der hochdeutschen Sprache an Verben für all die wichtigen und weniger wichtigen Verrichtungen des Alltags noch einen schier unerschöpflichen Vorrat weiterer tätiger Wörter in unserer Alltagssprache kultivieren. Dabei stellt die folgende, willkürlich zusammengestellte Liste nur die Spitze des Weisheitsberges dar, auch in den thematischen Kapiteln dieses Buches wimmelt es von unikalen Verbschöpfungen.

abnibbln
sterben
aushäggn
etwas Dummes ausdenken, Unsinn planen
bähbm
(ver)petzen, jemanden verraten
bähbln
etwas herumfummeln, z. B. an einer Schleife
bammln
hängen
bibborn
zittern
bläbborn
eine dicke Masse auftragen oder auf etwas platschen lassen
drammbln
schwer auftreten
duhdn, dähdn
durch Blasen ein Geräusch erzeugen, z. B. auf einer Tute (**Duhde** = Blasinstrument), hupen, trompeten ...
fiddschln
reiben; auch: eine Rute hin- und herbewegen

fiehbm
pfeifen
fobbm
jemanden zum besten halten
forrbämmbln
verwöhnen:
Dä solls diß Gind nich immorr so forrbämmbln!
forrblämmborrn, auch: **forblämmborn**
vergeuden, z. B. sein Geld, seine Zeit ...
forrhäddorrn
sich verhaspeln
forrschährwln
verschleudern
friehmln
an einer komplizierten Sache oder Ding hantieren
gaubln
tauschen, kaupeln, (heimlicher) Handel oder Tausch v. a. unter Kindern
giehgsn
stechen, pieken
gnaubln
mühsam etwas in kleinen Stücken ablösen, z. B. Fleischreste vom Knochen, knabbern, an den Findernägeln kauen
gnohwln *(knobeln)*
a) tüfteln
b) würfeln
gniedschn
etwas auspressen, ausquetschen, z. B. Mitesser
auch: **forrgniedschn**
Geld bis zum Rest ausgeben
gollorrn, gullorrn
kugeln, rollen
vgl. **Gullorr** – Kopf

griwwln
a) jemanden kitzeln
b) jucken
gwahrzn
rauchen, qualmen wie ein Schlot
mobbsn
entwenden
riwwln
reiben
schährwln
scherbeln (tanzen) gehen
schdebbsln
verkorken
schuwworn
frieren, zittern wie Espenlaub (vor Kälte)
schwahrdn (von *Schwarte* = dickes, altes Buch)
sehr vertieft lesen, schwarten
schwoofn
ausgehen, tanzen
ummgrämmbln
total verändern, umerziehen usw.
zäggn
necken, sticheln, reizen

Ein zweites gewichtiges Argument dafür, daß die Sachsen außergewöhnlich aktive Mitmenschen sind, liefert uns das unscheinbare Wort **duhn.** Dieses Wörtchen, gleichsam die in Laute umgewandelte Tätigkeit an sich verkörpernd, kommt im gesprochenen Sächsisch derartig gehäuft vor, daß man im Umkehrschluß nicht umhin kommt, die sächsische Lebensweise als extrem dynamisch und aktiv zu qualifizieren.

- **So, Ginndorr, mihr duhn jedds ma offreim!**
- **Duhsdä heide ahmd ooch ins Gihno gehn?**
- **Währ duhdn mihr ma hällfn?**

Somit werden wir mit der Nase auf die **6. Merkregel** gestoßen:

> **Duhn** Sie möglichst viele Tätigkeitswörter benutzen, und vergessen Sie die vielen -ungs, -heiten und -keiten! Bereichern Sie Ihren aktiven Wortschatz statt dessen durch die Perlen sächsischer Verben!

Falls nun dieser oder jener Leser den Eindruck gewonnen haben sollte, daß das Sächsische eine elitäre Sprache nur für die Angehörigen der sächsische Kaste sei, von Außenstehenden kaum zu verstehen, geschweige denn zu erlernen, so möchten wir ausdrücklich den internationalistischen Charakter des Sächsischen hervorheben. Um nur ein Beispiel dafür herauszugreifen, sei hier auf das Verb **mährn** verwiesen.

Den Sachsen wurde schon sehr früh bewußt, daß es nicht jedem reisenden Fremdling gegeben sein würde, die Vielfalt der sächsischen Verben zu verinnerlichen. Deshalb schufen sie mit dem Verb **mährn** das Verb an sich, sozusagen den Verbjoker, der in fast jede Verblücke springen kann. Sehen Sie nur, was dieses kleine Wörtchen auszudrücken vermag:

> - **Was mährsdn da rum?**
> - **Ich mähre meine Sachn inn Gofforr.**
> - **Was duhsdn dä Glamoddn erschd neinmährn, wennsdese sowieso nochäma rausmährn mußd?**
> - **Bei mein fieln Grämmbl genndch fillei ä was vermährn.**
> - **Nu guhd, aber mähre nich so rum un zorrmähre nischd!**

So, **nu mährnse ma nich weidorr rum** und studieren Sie aufmerksam den Rest des Buches, dann werden Sie bei Ihrem ersten Sachsentrip auch nicht die Nerven verlieren!

Dorr grohse Saggse

Wer nun sind die Sprecher dieser einmaligen deutschen Mundart. Wie sehen sie aus, die Heroen des sprachlichen Widerstandes und Kämpfer für das grammatische Selbstbestimmungsrecht?

"Ihr denkt, wir Sachsen sind ä deidscher Schdamm, damit die andern was zu feixen hamm!" schrieb der sächsische Dichter Walther Appelt 1930. Dabei zeichnen sich die Sachsen durch mancherlei Eigenschaften aus, die immer und überall gepriesen werden, wie: **guhdmiehdch, helle, ficheland** (pfiffig) und **ullggch**. Manchmal können wir auch ein bißchen **buddzch** (putzig) sein.

Ansonsten unterscheiden wir uns rein äußerlich nicht vom durchschnittlichen Homo europaensis, was die folgende Liste zweifelsfrei belegt:

Bähnorrd, dorr
Kopf (von Kartoffelkorb) (abfällig)

Bärrne, dä *(Birne)*
Kopf (meist abfällig)

Nu habbch aworr dä Bärrne digge!
Jetzt habe ich es aber satt!

Binnsl, dorr *(Pinsel)*
Kopf (abwertend)

Du bisd fillei ä Binnsl.
Du bist vielleicht ein Blödmann.

Dähds, dorr (frz. *tête*)
Kopf

Du grichsd glei ä baar fohrn Dähds!
Ich hau' dir gleich ein paar runter!

Färrnßche, dä
Kopf, Rübe

Gäbbchn, iß *(Köpfchen)*
kluger Kopf

Gullorr, dä (von *Kugel*)
Kopf

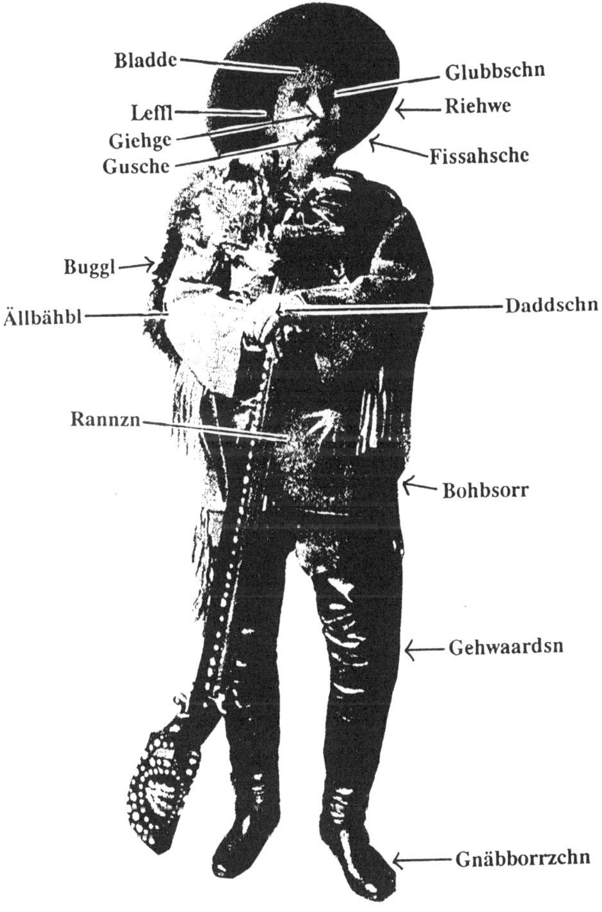
Bladde
Glubbschn
Leffl
Riehwe
Giehge
Gusche
Fissahsche
Buggl
Ällbähbl
Daddschn
Rannzn
Bohbsorr
Gehwaardsn
Gnäbborrzchn

Nischl, dorr
Kopf, Birne
nischln
jmd. schlagen
Ich genndch nischln.
Ich könnte dir glatt ein paar runterhauen.
Ich habbe mich an Nischl gerammld.
Omme, dä
Kopf, Birne
Osch, dä
Hinterkopf
Dähr had aworr änne scheene Osch!

Bladde, dä *(Platte)*
Glatze
Du hasd wo ä Riehds off dorr Bladde?
Du bist wohl nicht ganz dicht?
Da machch morr geene Bladde!
Da mache ich mir keine Gedanken!
Gehärrne, iß
Gehirn
Dihr hammse wo ins Gehärrne geschissn?*
Gribbs, dorr (von *Griff*)
Grips, Verstand, Auffassungsgabe
Fissahsche, dä (frz. *visage*)
Fratze
Leffl, dä *(Löffel)*
Ohren
Schbärr doch dä Leffl off!
Höre doch nur richtig zu!
Ooche, iß
Auge
Glubbschn, dä
Augen

Gnäbbe, dä *(Knöpfe)*
Augen
Guggchn, dä
Augen
Näbbe, dä *(Näpfe)*
Augen
Gewärrznälge, dä *(Gewürznelke)*
Nase; vgl. auch **giehgsn** = stechen, pieken
Giehge, dä
Nase
Na, Du alde Roddsgiehge!
Himmlfurznase, dä
Himmelfahrtsnase
Riechgolbn, dorr; Riechgolm, dorr
Gesichtserker
Roddsgiehge, dä
(schmutzige) Nase
Lawwe, dä
Mund, Klappe
Fläbbe, dä
Schmollmund
änne Fläbbe ziehn
Flunndsch, dorr
mißmutiger Mund
Ziehe nich eega so ä Flunndsch!
Gusche, dä
Mund
Halldä Gusche!
Halt deinen Mund!
Gummdleisdn, dä (von schweiz. *Kummet*)
Nacken (nur in diesem Zusammenhang):
Du grichsd glei ä baar hindorr dä Gummdleisdn!
Flossn, dä
Hände (trivial)
Der had Flossn wie ä Abborddäggl.
Ällbähbl, dorr
Ellenbogen

Dunnsdgullorr, dä *(Dunstkugel)*
dicker Bauch
Der hadds'ch fillei änne Dunnsdgullorr angefrässn.
Der hat sich aber einen dicken Bauch angefressen.
Wannsd, dorr
Leib, Magen
vgl. **Wannsdrammln, iß**
Bauchschmerzen
auch als liebevolles Schimpfwort: **So ä gleenorr Wanndsd!**
Rannzn, dorr
Magen
Da habbsch morr aworrn Rannzn follgeschlahchn.
Buggl, dorr *(Buckel)*
Rücken
Greize, iß *(Kreuz)*
Rücken
Bohboh, dorr *(Popo)*
Hintern
Gähsegwanndn, dä
Mauken, Schweißfüße
Gwaddrahdlahdschn, dä
große Füße, große Schuhe
Gwanndn, dä
Latschen (Füße)
Rennsämmln, dä
Fahrgestell
Gehwaardsn, dä *(Gehwarzen)*
Beine
Zieh dä Gehwaardsn ein!
Mach mal Platz!
Gnäbborrzchn, dä
Füße

Dorr gleene Saggse

Der kleine Sachse ist wie alle kleinen Kinder: mal lieb und artig, mal frech und ungezogen - eben ein richtiges Kind.

Nun kommt es vor, daß auch die kleinen Sachsenkinder mal **de Bärrn digge hamm**, d.h. auch der kleinste Sachse hat nur Nerven und zeigt mitunter deutliche Zeichen von Unmut. Dafür existiert natürlich - wie könnte es anders sein - eine Reihe von Verben, die man sich durchaus auf der Zunge zergehen lassen sollte. Je nach Intensität der Unmutsäußerung wird das mit **gwängln, ningln, flänn, fähnsn, gwähgn** oder **blähgn** bezeichnet, wobei **gwängln** die gemäßigte - wenn auch nicht erfreuliche - Stufe darstellt.

In Geschäften, in Restaurants, in Straßenbahnen, auf Spielplätzen oder auch hinter geschlossenen Wohnungstüren können Sie die entnervten Eltern hören: **Nu hähre endlich mid dei Rummgeblähge off, du alde Fähnsliese!** Ja, der kleine Sachse hat's schon schwer. Nicht einmal weinen darf er, wann er will!

Unsere Kinder sind durchaus **ficheland** und **helle**, sie wissen sich zu helfen, wenn es brenzlig wird. Nehmen wir das Versteckspielen. Damit das Suchen nicht zu schwierig wird, greift Klein-Ulli zur List: er **illorrd.** Da kann er nur hoffen, daß das die anderen Kinder nicht bemerken, sonst kann es passieren, daß sie **bähbm.** Obwohl - wer will schon eine **Bähbe** sein?

Für alle ganz kleinen, kleinen und weniger kleinen Sachsenkinder gibt es wohl kaum etwas Schöneres, als das Spielen im Sand - Burgen bauen, Tunnel graben, Kuchen backen - mit einem Wort: **rumdräggorrn.** Muttis Begeisterung hält sich bei solchen Aktivitäten jedoch in Grenzen, wenn dies nach einem Regenguß passiert, denn das **Bäbbsn** in dorr **Bäbborrmummbe** bringt doch eine erhebliche 'Nachbehandlung' mit sich. Da muß Mutti dann tüchtig aufpassen, daß beim Waschen nicht zu stark **rumgemaddschd** wird. Zeichnen sich größere Katastrophen ab, und Klein-Aurora soll doch lieber nach Hause kommen, hört man dann solch lieblichen Laute wie: **Aurora, du Dräggschwein, gomm hoch!**

Oder nehmen wir das Essen: Ißt das Kind nicht, wie sich das Mutti und Vati wünschen, geht das **Gemäggorr** sofort los: **Hähre off, mid dei Muggefugg ze schwäbborrn! Gäddsche/bäddsche nich so rumm! Haldä Beene schdille! Zermährchle deine Bämme nich so midde Fohdn!** usw. usf. Ja, so eine Mahlzeit unter elterlicher Aufsicht ist der blanke Streß.

Daß die kleinen Sachsen ihre Sorgen mit der Orthographie haben, konnten Sie bereits aus den Einführungstexten zur Aussprache erfahren. In dieser Hinsicht haben es die Kleinen aber auch schwer. Ständig müssen sie auf die stimmlosen Konsonanten achten, und wenn wirklich mal ein stimmhafter gebraucht wird, ist der stimmlose falsch. Da kann es in dem Bemühen, besonders gut zu schreiben, schon zu solchen Fehlern wie: **Er hantelte vorbiltlich.** kommen. Typischere Beispiele sind jedoch: **... war besonders inderessand.** Aber wer kann das einem sächsisch sprechenden Kind verübeln? Das **gleene Säggsorrbärdsl** freut sich **äggch** und ist ganz **äbblich,** wenn es vom Lehrer gelobt wird, weil mal keine Fehler im Diktat oder im Aufsatz stecken. Vor der Bekanntgabe der Zensuren ist die **gleene Bohrbe** jedoch mächtig **fisblich.**

Bezeichnungen für Kinder

Weil wir die **Wännsdorr** so mögen, erhalten sie von uns Großen natürlich auch die passenden Bezeichnungen:

- Zuerst kommen die ganz Kleinen dran:

Währschl, iß *(Würstchen)*
kleines hilfloses Wesen, Baby
Säggsorr, ä *(Sechser)*
kleines Kind (liebevoll)
Säggsorrbärrdsl, ä
wie **Säggsorr**
Griefe, änne *(Griebe)*
kleiner Stöpsel

Bohrbe, änne
kleines Kind, Wicht
Griehwahdssch, ä
zu klein geratenes Kind, Zwerg
Zwunnsch, ä
Dreikäsehoch
Bohrbs, ä
Bübchen

● Und dann gibt es auch noch die, die den Eltern mehr Sorgen machen:

Wännsdorr, dä (von *Wanst*)
Blagen, Kinder (meist, wenn sie ungezogen sind)
Wannzche, änne *(Wanze)*
kleiner Stöpsel
Grawanndsdorrloch, ä
Racker
vgl. auch **grawanndsdorrn**
Zabblich, ä
Zappelphilipp
Blähgsch, ä
Schreihals
Roddsgiehge, änne
Rotznase, Schmutzfink
vgl. auch **Giehge** = Nase

Königssächsisch

Da die Kinder bei uns König sind, beanspruchen sie für sich auch eine königliche Sprache, sozusagen Königssächsisch.

● Die kleinen Könige haben eben 'andere' Körperteile:

Gnäbbe, dä *(Knöpfe)*
Äuglein
Nu, mei Härrzl, mach dä Gnäbbe zu un schlafe!
Gäbbchn, iß *(Köpfchen)*
(kluges) Köpfchen
Das is doch weeß Gnäbbchn noch nischd forr ä Ginndorrgäbbchn!
Das ist wirklich noch nichts für Kinder!
Guggchn, Guggln, dä
Äuglein
Mach dä Guggchn zu, mei Härrdse!
Schlaf, mein Herzchen!

Baddschn, dä
Patschehändchen
Bammblchn, Bammblbeenchen, dä
Beinchen
Bohbsorr, dorr
Popo

● Und was braucht der kleine königliche Liebling so alles?

Jiehbchn, iß	Kinderjäckchen
Däbbchn, iß	Töpfchen
Bibbi, dä	Puppe
Gäsehidsche, dä	kleiner Schlitten
Gaugäddscher, dorr	Kaugummi

● Zum Schluß ein paar der 'königlichen' Tätigkeiten:

grawwln, grabbln, rumgrawwln
a) herumkrauchen, -kriechen (Kinder, kleine Tiere)
Die grawwln anndauorrnd offm Fuhsboden rum.
b) kitzeln
Meine Miggnschdiche grabbln wie forriggd!
dibbln
mit kleinen Schritten laufen, trippeln
säbbln, sämmln
schnell laufen, rennen; vgl. auch **Rennsämmln**
grawanndsdorrn, rumgrawanndsdorrn
unnötig Unruhe stiften, Krach machen, hin- und herrennen (bei Kindern)
gwährchln, rumgwährchln
sich (störend) unruhig hin- und herbewegen
Gwährchle nich eega so rum!
lummborn (vom *Lump*)
im Freien herumstromern

faggn
fangen; auch: werfen
Fagge schbiehln
Ballspiel
bäbborrn, bäbbahn
Aa machen
fiddschln
sich die Augen vor Müdigkeit reiben
gähgn
schreien, quäken
gammbln
herumbalgen, sich zanken, streiten
guddln
trinken, süffeln
gwängeln
nörgelnd immer wieder etwas fordern (z. B. ein Eis)
zärrich (von *zerren*)
unruhig, nörgelnd
schdrehchn (von *Streich*)
lügen, schwindeln
wurrschdln
ein Kind herzlich drücken

Übrigens: Auch 'Könige' machen **Faggsn** (Albernheiten)!

Am See

- **Hej, mei Gleenorr, was blähgsde denn so?**
- **Ich habbe geen Grund!**
- **Na, da brauchsde ooch nich soo ze blähgn!**

Unsorr scheenorr Freischdahd Saggsn

Wer im Sachsenlande nach einem Ort sucht, sollte sich schon darauf einstellen, daß Ortsschilder gelbe Theorie, die mündlichen Auskünfte der hilfsbereiten Einwohner jedoch rauhe Praxis sein können:

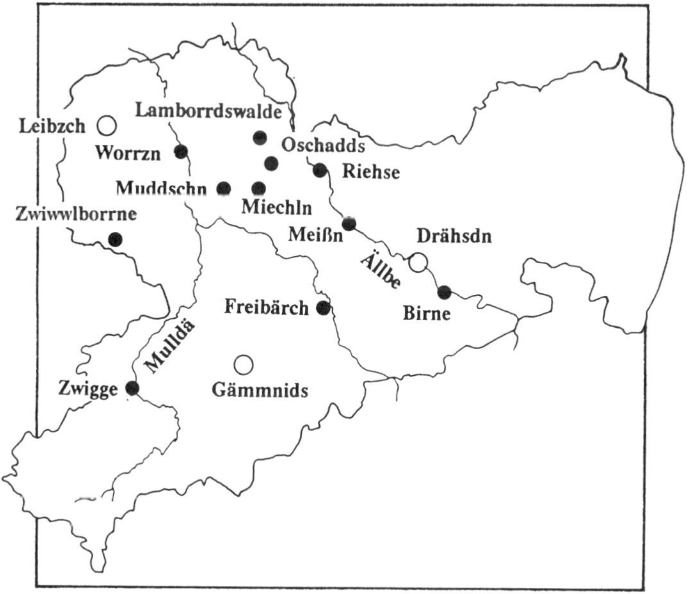

Leibzch	Leipzig
Drähsdn	Dresden
Gämmnids	Chemnitz
Zwiwwlborrne	Borna
Worrzn	Wurzen
Oschadds	Oschatz
Riehse	Riesa
Meißn (midds Borrdselahn)	Meißen
Birne	Pirna
Freibärch	Freiberg
Zwigge	Zwickau
Lamborrdswalde	Lampertswalde
Muddschn	Mutschen
Miechln	Mügeln
dä Mulldä	die Mulde
dä Ällbe	die Elbe

Früher konnte man in der Bimmelbahn mit dem **Schdäddeäggsbräss "Miechln - Muddschn - Mailand"** (scherzhafte Bezeichnung für die frühere Kleinbahn-Stadtverbindung Mügeln - Mutschen - Oschatz) durch die Gegend brausen. Immerhin hatte Mügeln bis zum Zweiten Weltkrieg den größten Kleinbahnhof Europas. Die Bahn, die zur Zeit nur verkürzt als Industriebahn verkehrt, soll wieder reaktiviert werden.

Zur Messe

Während einer der Leipziger Messen stehen ein großer und ein kleiner Polizist am Straßenrand und beobachten den Verkehr. Da kommt ein "Westschlitten" angebraust, hält, die Scheibe geht herunter, und ein Mann fragt: "Do you speak English?"

Der große Polizist sieht den kleinen an, der schüttelt mit dem Kopf. Der Mann versucht es weiter: "Parlez vous français?" Der kleine Polizist schaut den großen an, der rührt sich nicht. Der Mann fragt weiter - Spanisch, Italienisch, Russisch, Polnisch. Nichts. Schließlich fährt er entnervt davon.
Darauf sagt der kleine Polizist zum großen:
- **Oor, dähr gonnde aworr fiele Främmdschbrahchn!**
Der große Polizist zuckt die Schultern und meint:
- **Nu und, was haddsn genuddsd?"**

Riwworr un Niwworr

Wir Sachsen sind zwar nicht die geborenen Weltreisenden, aber wo's langgeht, wissen wir schon. Damit sich aber auch die Fremdlinge in unseren Gegenden zurechtfinden können, haben wir uns ein paar Wörtchen zugelegt, die die Lage einer Örtlichkeit genau beschreiben:

iehworr
übcr
drunndorr
drunter
dorrgwähre, zwischndrinne
dazwischen
drinnewändch, innewändch
inwendig
driehm
drüben
hiehm
hiehm wie driehm
hüben wie druben
dirregdemang (frz. *directement*)
direkt

gwähre
  quer
  greids un gwähre
  kreuz und quer
nauswärrds
  nach draußen
niwworr
  hinüber, rüber
  riwworr un niwworr

Da seddsmorr uns offm Schdrohm!

Dä Bimml, wie bei uns die Straßenbahn heißt, gehört zu unseren liebsten Fortbewegungsmitteln. Wenn wir in der Großstadt mal irgendwo **hinhuschn** wollen, **da seddsmorr uns offm Schdrohm,** und schon sind wir da. Manchmal kann es aber auch **ä dichdches Gäzuggle middorr Bimml** sein, wenn irgend etwas an der **Elläggdrischn** kaputt ist oder die Straßen vor lauter **Hiddschn** und **Gimmlhiddn** verstopft sind. Ansonsten ist auch bei uns alles in Bewegung, nur wie, ist ist hier die Frage:

grauchn
kriechen
Oor Mähnsch, ich gann gaum noch grauchn!
Mensch, tun mir die Füße weh!
dohrgln
taumeln, unsicher laufen
grähbln, rumgrähbln *(Krüppel),* **heddschn, häddschn**
sich mühsam fortbewegen/hinschleppen
grähbsn, rumgrähbsn *(Krebs)*
sich unbeholfen fortbewegen, mühsam vorwärtskommen
(auch in seinen Angelegenheiten)
lahdschn
a) nachlässig gehen
b) auf die Füße treten
Machd nischd, gelahdschd is gelahdschd!
Das ist doch nicht so schlimm!
c) eine Ohrfeige geben
vgl. **dä Lahdschn** = Pantoffel,
langer Luhlahdsch = langer Kerl
biddln
durch die Stadt bummeln und Schaufenster anschauen
(nur in diesem Zusammenhang)
guddschn, rumguddschn *(Kutsche)*
spazierenfahren, unnötige Fahrten unternehmen
Das war fillei ä Rumgäguddsche, bis dassde mihr eire Buhde gefundn haddn.
zuggln
langsam (z. B. auf dem Pferdewagen) dahinfahren
hubbm
hüpfen
Das iß gehubbd wie geschbrungn.
Das bleibt sich gleich.
drabbsn
geräuschvoll, fest auftretend gehen

drammbln
fest auftreten, jmdm. auf den Fuß treten
vgl. **iß Drammbldier** = Trampeltier

Am Stammtisch

- **Weesde, wasde mihr gäsdorrn bassierd is?**
- **Wasdnä?**
- **Nu, ich siddse gemiehdlich in dorr Fiehre un mache nach Gonnewids. Un weesde währdeda drinnesidsd?**
- **Währdnä?**
- **Bähdhoofn!**
- **Ä, das gloobch nich.**
- **Nu glahr!**
- **Ä!**
- **Nu glaaahr!!!**
- **Nee, das gann gar nich sinn.**
- **Nu glaaaaahr!**
- **Ächa, dä Fiehre fährd nämich ieworrhaubd nich nach Gonnewids, du Glabbsgobb.**

loofn, sämmln, säbbln
laufen, rennen
Ich säbble ma figgs bein Bäggorr!
soggn, hinsoggn
laufen, davonziehen
vgl. **Gesoggse, iß** = asoziales Volk
huschn, wägghuschn, nieborrhuschn, hinhuschn usw.
sich schnell und kurzzeitig irgendwohin bewegen
vgl. **änne Husche** = Regenguß
lohrfn
geräuschvoll laufen
Ummboochn, dorr *("Umbogen")*
Bogen, Umweg
Wennde hierlang machn duhsd, is das ä dichdchorr Ummboochn!

Unterwegs mit dem Fahrrad

Meier sieht - und hört vor allem - Müller mit dem Fahrrad kommen. Er ruft:
- **Hej, dei Schuddsbläch glabborrd!**
- **Hä?**
- **Dei Schuddsbläch glabborrd!!!**
- **Häää???**
- **Schbärr doch dä Leffl off - dei Schuddsbläch glabborrd!**
- **Ich forrschdehe nischd, mei Schuddsbläch glabbord!**

Spricht's und fährt weiter.

Schnährbliches un Schnuggliches

dorr Gaffeesaggse

Will man den Legenden glauben, ernährt sich der typische Sachse vorwiegend von Kaffee, weshalb er auch als **Gaffeesaggse** in die deutsche Geschichte einging. **Iß Gaffeedringgn** hat in Sachsen zudem etwas Kultisches an sich, der Genuß des **Schälchn Heeßn** wird geradezu zelebriert. Da aber Koffein allein nicht satt macht, trinken wir unser Hauptnahrungsmittel mit viel Milch und Zucker, deshalb auch der sprichwörtliche Satz: **Aworr scheen sieße mussorr sinn!**

Schon die Kinder werden bei uns im Geist der schwarzen Bohne erzogen, indem sie täglich ihren **Muggefugg** oder **Bliehmchngaffee** (Malzkaffee) zu schlürfen bekommen. Und damit sie ihre natürliche Abneigung gegen den unechten **Gaffee** schneller überwinden, dürfen sie ihren **Grummblguhchn** (Streuselkuchen) auch **diddschn.**

iß Mennieh von Abbl bis Zwiwwl

Wenn Sie mal so richtigen **Gnassd** (Hunger) haben, sollten Sie ruhig **ä Habbn** (einen Happen) essen. Was außer Kaffee bei uns sonst noch ab und zu auf dem **Mennieh** (Speiseplan) steht, kann der folgenden Liste entnommen werden:

Sämml, dä; Breedchn, iß
Semmel, Brötchen
Rungsn, dorr
dickes, auch unförmiges Stück Brot
Ährschl, iß; Rämmfd, dorr; Rämmfdchn, iß
Anschnitt des Brotes

Lohrge, dä
schlechtes, billiges Getränk, vor allem: Kaffee

Gossdehäbbchn, iß (von *Happen*)
Kostprobe

Beegling, dorr (von *Pökling*)
Räucherhering
Bäffschdägg, ä
Beefsteak, Bulette
Bämme, dä
Schnitte, belegtes Brot
änne droggne Bämme
unbelegte Scheibe Brot
Schulmeesdorrbämmchn, iß (von: *Schulmeister*)
eine sehr dünne Scheibe Brot
Dobblbämme, dä
Doppelschnitte
Nimmsde heide widdorr zwee Dobblbämm mid off Arbeed?

Gwahrg, dorr
Quark, Frischkäse; übertrieben: Unsinn

Worrschd, dä
Wurst
Mihr iß sowieso alles Worrschd.
Mir ist sowieso alles egal.
dohde Ohma
Grützwurst

Blämmbe, dä
geschmacklose Flüssigkeit (Kaffee, Tee), häufig auch für Dickflüssiges wie Suppe, Soße u. ä.
Dassis fillei änne Blämmbe!
Das ist aber ein Zeug!
Biebn un Flägge
warmes Gericht (süß-sauer) aus tierischen Eingeweiden
Ährborrn, dä (von *Erdäpfel*)
Kartoffeln

Zwiwwln, dä
Zwiebeln
vgl. **ä baar zwiwwln** = eine Maulschelle geben
Das zwiwwld fillei! = Das brennt vielleicht!
Zwiwwlborrne = Borna, eine Stadt, bekannt für ihre Zwiebeln

Mährräddch, dorr
Meerrettich
auch: **Mache nich eega so ä Mährräddch!**
Mach nicht immer solchen Unsinn!
Griefe, dä
ausgelassenes Speckstückchen (im Schmalz)
vgl. auch **Griefe** = kleines Kind

Blinnsn, dä
Eierkuchen
Fannguhchn, dorr
Pfannkuchen, Berliner
Glunnschguhchn, dorr
schliffgebackener Rührkuchen

Gwahrgguhchn, dorr
Quarkkuchen
Gwahrggeilchn, dä
Quarkkeulchen, in heißem Öl gebackene Quarkteigstücken
Schdrummbsohln, dä *(Strumpfsohlen)*
mit Zucker bestreuter hauchdünner Hefeteig, länglich mit abgerundeten Ecken
Grummbln, dä
die Streuseln auf dem Kuchen

Abbl, dorr (dä Äbbl)
Apfel
Ferrssch, dorr
Pfirsich

forrgahsemaduggln
Lebensmittel, Genußmittel verbrauchen
mummbln
hilflos, langsam auf etwas herumkauen, z. B. als Zahnloser langsam essen (bei Kindern)
nuhdschn
lutschen
gäddschn
geräuschvoll auf etwas herumkauen, z. B. Kaugummi
läbborrn
auf etwas Appetit haben; auch: langsam zunehmen, in kleinen Mengen anhäufen
Das läbborrds'ch zesamm.
So langsam kommt schon etwas zusammen.
bullgsn
1) in etwas herumbohren, z. B. im Brötchen herumstochern
2) schutten, wie besessen arbeiten
wammsn, neinwammsn
kräftig schlagen, beim Essen kräftig zulangen
währchn, neinwährchn
würgen, runterwürgen

diddschn
a) etwas in eine Flüssigkeit tunken, z. B. Brot in die Suppe oder Kuchen in den Kaffee
In so ä fohrnähm Rässdorang dährfsde nich diddschn!
b) auch: jmd. aus Spaß ins Wasser tauchen
gläggern, forrgläggern
eine Flüssigkeit, z. B. beim Essen, danebentropfen lassen
vgl. **Gläggs, dorr** – Fleck
gullgorrn, gullgsn
glucksen, Geräusche machen beim hastigen Trinken

un so duhds nu schmäggn

läddsch
fade, geschmacklos
labbrich
dünnflüssig, inhaltsarm (für Speisen)
hauchdinne droffschmiern
Brotbelag dünn auftragen
schrummblich
faltig, ausgetrocknet, z. B. Obst, Haut
schwabblich, wabblich
weich, gallertartig (Pudding, Fettbauch)
schnährblich
schmackhaft
Ich habb aworr Abbediehd off was Schnährbliches!
schnugglich
fein, schmackhaft (für Speisen), fein, hübsch (für Mädchen)
Habbdorr nich was Schnuggliches da?
bommforrdsschonöhs
reichhaltig (pompös)
Das war fillei ä bommforrdsschonöhses Ahmbrohd!

In Gneibe und Schdammbe

Will der Sachse Gesellschaft haben, lädt er sich Besuch ein. Der Sachse bekommt gern Besuch, er liebt es, mal so richtig in Ruhe über Gott und die Welt zu **gwaddschn.** Wenn niemand in der Nähe ist, geht er in die nächstgelegene Gaststätte. Es muß ja keine **Schdammbe** sein, auch die **Gneibe "Zum dräggchn Leffl"** mag er nicht; nein, er will es so **richdch gemiehdlich hamm,** sein Bierchen **mid näddn Leidn** trinken oder bei einem **Schälchn Heeßn** sitzen und **gwassln.**

Gaststätten gibt es viele - der Sachse sucht sich seine Lieblingsgaststätte, in die geht er immer wieder, man kennt ihn, er fühlt sich wohl. Er hat Vertrauen zum Personal, das Personal - zu ihm:

- **Nu, mei Guhdsdorr, was wollnsn hamm?**
- **Zwee gebrahdne Eiorr mid Schbägg.**
- **Riehr- odorr Schbiechleiorr?**
- **Das mihr eega.**
- **Nähmse Schbiechleiorr, die gännse bessorr nachzähln!**

Doch nicht immer bleibt es beim **Schälchn Heeßn,** denn auch in Sachsen gilt das Universalgesetz: Durst ist schlimmer als Heimweh! Was tun, wenn man **Dorrschd had wie nä schwangorre Bärchzigge?** Man geht einen:

nibbm
einen kleinen Schluck nehmen; auch: einen heben (Alkohol)
gimmln (von *Kümmel*)
einen saufen
zwiddschorrn *(zwitschern)*
übertragen: Alkohol trinken
bichln
einen heben
auch: **wegbichln**
eine größere Menge (Alkohol) verkonsumieren
schmäddorrn *(schmettern)*
sich betrinken
Mihr missdn ma widdorr een richdchn schmäddorrn gehn.
schwäbborrn
aus Unachtsamkeit etwas aus der Tasse vergießen
übertragen: betrunken sein
Der hadd aworr een geschwäbborrd!

Wer sein Fassungsvermögen überschreitet, benötigt weiteres Spezialvokabular:

goddrich, sich goddrich fiehln
sich (im Magen) schlecht fühlen
gnille sinn
fix und fertig sein (nach Anstrengungen oder auch nach einem Besäufnis)
gähgn*, reiorrn*
kotzen
Där reiorrd ieworr siehm Beede.
Ihm geht es sehr schlecht, er muß sich dauernd übergeben.

In der Gaststätte

Ein Gast ruft lautstark den Ober, zeigt wütend auf sein halbvolles Bierglas und schimpft laut:
- So eine Sauerei, hier schwimmt ja ein Fliege im Glas!
Der Ober läuft rot an, stammelt eine Entschuldigung und sagt:
- Ich bringe Ihnen sofort ein neues Glas, mein Herr!
Darauf schaut der andere Gast am Tisch hinter seiner Zeitung vor, zeigt auf sein Glas, in dem nur noch der Boden bedeckt ist und fragt:
- **Sä währn endschulldchn, aworr gännse mihr die Fliehche nich oochäma bummbm?**

Där hads off dorr Blaudse

Krankheitsbilder

Stellen Sie sich vor, Sie erkundigen sich in Sachsen nach jemandem, erfahren: "Dähr liechd off dorr Blaudse." und fragen: "Wann steht er denn wohl auf?" Peinlich! Damit Ihnen eine solche Blamage erspart bleibt, sollten Sie die folgenden medizinischen Fachbegriffe zumindest einmal gelesen haben.

rummiehmln, rummiggorrn
sich krank, schwach fühlen, krank aussehen
Dähr miehmld aworr dichdch rum!
gäggrich
schlecht sein, komisch (Zustand, z. B. vor Prüfungen)
Mihrs richdch gäggrich!
bliehmorrand
schlecht, mulmig
Mihr isses fillei heide bliehmorrand.
Mir ist es aber heute schlecht/komisch.
mehsldrehnde
schwindlich
Mihr isses heide so mehsldrehnde.
gähgch, gähßch *(käsig)*
blaß aussehen, vgl. **gähgn**
forrschwiehmld aussähn
verquollen aussehen
mallahde (frz. *malade*)
krank sein, völlig geschafft sein nach Anstrengungen
Humini, dä (Abk. für: **Huddelei midm Nischel**)
Kopfschmerzen haben (wörtlich: "Probleme mit dem Kopf")
ärre
irre

Blaudse, dä
nur in: **Dähr liechd off dorr Blaudse.**
Dähr hadds off dorr Blaudse.
Er liegt auf der Nase. = Er ist erkältet.
roddßch
verschnupft
Rodds hamm
Schnupfen haben
Gahge, änne
Blüte an der Lippe (Herpes)
Härrzebubborrn, iß
Herzklopfen
rammln
sich stoßen
Ich habb morr fillei an dä Bärrne gerammld!
Ich habe mich aber am Kopf gestoßen!
auch: **gerammlde foll** = vollkommen überfüllt
Dinnfiff, dorr; flodde Oddoh, dorr
Durchfall
Ich habbm floddn Oddoh.

Zum Abschluß dieses wichtigen Kapitels können Sie sich selbst testen. Was bedeutet wohl der folgende bekannte Zungenbrecher?

For Worrzn worrzn schlächd,
nach Worrzn worrzn widdorr bässorr!

Vor Wurzen wurde es ihnen schlecht,
nach Wurzen wurde es ihnen wieder besser.

Schigge Drahd, Gammerad!

Dieser Spruch, nachweislich Jahrzehnte vor der Wende im Sprachgebrauch, belegt, daß pekuniäre Nachbarschaftshilfe in Sachsen schon immer hoch geschätzt wurde und nicht erst, seitdem die Westsachsen in den Osten **neinbullforrn.** Aber wir wollen ja nicht auf **Bummb** leben und all den schönen **Giehs** einfach **forrbullforrn.** Deshalb **bullgsmorr** (schuften wir wie besessen), damit der Rubel rollt. Verzeihung, wörtlich war letzteres auch zu DDR-Zeiten nicht gemeint! Schon damals hörte das goldene Kalb auf andere Namen wie:

Binnunnsen, dä
Brähmche, änne *(Prämie)*
Bullwer, iß *(Pulver)*
Drahd, dorr *(Draht)*
Giehs, dorr *(Kies)*
viel Geld
Dähr hadd ä Gichs!
Gnähde, dä *(Knete)*
Nu lasse ma dä Gnähde rieworrwaggsn!
Mäbbse, dä *(Möpse)*
Meise, dä *(Mäuse)*
Radaddn, dä

Dialoge zu DDR-Zeiten vor der Wende:

Im Gemüseladen

- **Was gossdn ä Giehlo Ferrssche?**
- **Dreieinenferrzch.**

- **Hammse was Griehnes da?**
- **Ja, morr hamm grade gubanische Abblsiehn reingegrichd.**

Im Möbelgeschäft

- **Hammse Schranggwännde?**
- **Nee, hammorr nich, un geene Gichnmeebl gibbds nähman.**

Dorrheeme isses doch am scheensdn!

Nichts gegen **dä Ahrweed!** Wir **baddalchn** und **glähchn,** was das Zeug hält. **Aworr morr gann sich ooch nich zorrubbm!** Deshalb heißt es rechtzeitig vor Feierabend: **"Ich mach heeme."**

Dorrheeme isses ähm doch am scheensdn. Leider kann man das von unseren Wohnungen häufig nicht behaupten, da sind schon passender:

Bruchbuhde, änne
verkommenes Haus oder Wohnung
vgl. **Buhde**

Buhde, dä
Zimmer (meist Zimmer von Jugendlichen, Junggesellen)
oder: kleine schäbige Wohnung, altes Haus
Nu habch ändlich änne Buhde gefundn.

Buwwerdzsche, Bubborrzche, dä
abwertend für Wohnung

Aber selbst zu Hause hat man keine Ruhe, es geht weiter mit:

bähbln
mühselige Arbeit verrichten
Ich muß heide noch dä Rosien forrn Guhchn abbähbln.
bärrschdn
bürsten
biechln
bügeln
bläddn (von *platt*)
bügeln
biehbln
komplizierte, mühselige Tätigkeit verrichten
auch: an den Fingernägeln rumknabbern

Nach all diesen Strapazen ist man abends froh, wenn man in **dä Falle, Forrdsgabbsl, Gohje, Heia, Horrnzche, Schniehbsgisdä** oder in den **Gahn** fallen kann, um zu **boofn, deesn, gohgsn, muhzln, zwiwwln** oder **schniehbsn.**

Iß Hähbchn - Bähbchn

der Hausrat

Asch, dorr
größeres wannenartiges Gefäß
Ässe, dä
Schornstein
Bläddbrädd, iß
Bügelbrett
Däbbch, dorr
Teppich

Dabbsn, Drabbsn, dä
schmutzige Fußabdrücke (auf dem Fußboden, Teppich u. ä.)
Budds dorr dä Haggsn ab, du machsd laudorr Dabbsn offm Däbbch!
Tritt dir die Füße ab, du machst den Teppich schmutzig!
Ehmorr oder: **Ämmorr, dorr**
Eimer
Funnsl, dä
Lampe
Glummbaddsch, dorr
Zeug
Reime dei Glummbaddsch ändlich off!
Räume dein Zeug endlich auf!
Grämmbl, dorr *(Krempel)*
abwertend für Sachen/Zeug
Guhchnbuhde, dä
"Musspritze", Schirm
Hähbchn-Bähbchn, iß
ein paar (eigene) Sachen
Ich habbe mei Hähbchn-Bähbchn figgs beiänandorr.
Hiddsche, dä
1. Fußbank
2. altes Auto
Laddichde, dä (von *Laterne*)
Lampe
Schdärze, dä *(Stürze)*
Topfdeckel
Schibbe, dä
Schaufel
übertragen auch: **ä Flunndsch / änne Schibbe ziehn**
Worrzlbärrschde, dä
Handbürste

Wie ich in den Himmel kam

Ich gomme off dä Wollge, da schdehd eenorr an Zaun und saachd:
- Sä wolln wo in Himml? Da missnses Dräbbchn nuff un in Zimmorr dreinferrzch globbm.
Ich gehe, globbe ... nischd. Ich globbe widdorr ... nischd. Ich glingge ... zu. Ich glingge erneid ... zu. Da drähde ich mid follorr Wuchd geechn dä Fliechldiehre, sä gehd off, un da schdehd dorr giehdche Herr Chesus, guggd mich mid sein guhdmiehdchn Oochn an un flissdorrd:
- Cha, sä glämmd ä bissl.

Dä Gläddahsche

Die Klamotten

- Gommsde heide ahmd in Beglcidung?
- Na mennsde, ich gomme naggch?

Gobbguhge, dä	Kopftuch
Bibbi, dorr	kleine Mütze
Gäsenäbbchn, iß *(Käsenäpfchen)*	kleiner Hut mit Krempe
Schbäggdäggl, dorr *(speckiger Deckel)*	alte Mütze
Gläddahsche, dä	Anziehsachen
Gossdiehm, iß	Kostüm
Fordsgiddl, dorr; Fordsräggchn, iß	kurzes Kleid/kurzer Rock
Bummborr, dorr	große Unterhose, dicker Schlüpfer
Schdrimmbe, dä	Strümpfe
Bammbuhschn/Babbuhschn, dä	warme Hausschuhe

Drähdorr, dä	alte ausgelatschte Schuhe
Boddn, dä	große derbe Schuhe

ausgenuddld/ausgenuhdschd
ausgeleiert
ä ausgenuddldorr Schlibborrgummi
ein ausgeleierter Schlüpfergummi
anbohbln (von *popeln*)
jmd. auffällig/komisch bekleiden
Die hadds'ch widdorr angebohbld wie ä Fingsdoggse!
(Pfingstochse = mit Bändern geschmückter Ochse)
angeschbiddld
komisch/unkorrekt angezogen sein
Wie hasde dich denn widdorr angeschbiddld?

Dä Gommunigadschohn

Der Sachse hat es am liebsten, wenn viele Leute um ihn sind, mit denen er sich unterhalten kann. Seine Kontaktfreudigkeit hat schon zu manchem Witz angeregt:

Steigt ein Sachse in die Straßenbahn, setzt sich, schaut sein Gegenüber freundlich an und sagt:
- **Se währn endschulldchn, daßch glei ä Geschbrähch anfang duhe, aworr ich muß dä nächsde Schdadsschohn schon widdorr ausschdeichn!**

Nun gibt es ja bekanntlich verschiedene Formen, miteinander zu kommunizieren: Damit der Auswärtige im wahrsten Sinne des Wortes mitreden kann, seien hier einige Möglichkeiten erläutert:

illorrn, illern	verstohlen/unbemerkt schauen
forrhäddorrn	sich versprechen
nuschln	undeutlich sprechen
gwaddschn	a) sich ungezwungen unterhalten b) dumm reden
gwassln	quatschen, ohne Unterlaß reden
schlawworrn	schwatzen
(rum)lahworrn	unnützes Zeug reden
gladdschn	herumerzählen, tratschen
ballaforrn/ballaworrn	dummes Zeug reden
(rum)fahsln	Unsinn reden
sawwln, seiorrn	dumm daherreden, dummes Zeug reden
gwängln	quängeln
nährchln	nörgeln
mäggorrn	nörgeln, kritisieren
ningln	jammern (v. a. bei Kindern)
wimmorrn	kläglich jammern
gwähgn	grundlos heulen
flänn, fähnsn	heulen
blähgn	schreien, krakelen
(rum)rassaunorrn	rumrennen und Lärm machen

Gemütsregungen und Stimmungen

Wir Sachsen sind bekanntlich Gemütsmenschen, was aber natürlich nicht bedeutet, daß wir in stoischer Ruhe alles über uns ergehen lassen, ohne eine Gemütsregung zu zeigen. Es dauert nur ein wenig länger, bis wir uns die gute Laune verderben lassen. Choleriker und Leute, denen schnell mal das Messer in der Hosentasche aufgeht, fallen deshalb bei uns besonders aus dem Rahmen. Doch ansonsten ist uns nichts Menschliches fremd.

sich freuen

äbblich sein
sich wie verrückt auf oder über etwas freuen
Fehds, ä
Spaß
Das war fillei ä Fehds!
War das ein Spaß!
feigsn
lachen, sich ins Fäustchen lachen
gwiehdschforrgniehchd
quietschvergnügt, in ausgelassener Stimmung
gaggschn, rumgaggschn, Gaggsch machn
Spaß machen
giggorrn
kichern, in sich hineinlachen
mäggorrn
a) lachen, wie eine Ziege meckert
b) rummeckern, schimpfen

sich ärgern

dä Bärrn/Faggsn digge hamm
es satt haben
Jädds habbch aworr dä Bärrn/Faggs digge!
Drahsch hamm
Aufregung oder Ärger haben
ä Flunndsch ziehn
den Mund mißmutig verziehen
sich gräbbm
sich ärgern
Das gräbbd mich fillei!

erbost und wütend sein

grähdsch ("grätig", von *Fischgräte*)
a) ungehalten
b) erschöpft (von grätschen, die Beine spreizen)
Schdinggche hamm
schlechte Laune haben, stinkig sein
rammldeeßch, rammdeeßch
sich wild gebärdend, ungeduldig
fuchdch, wuhdsch, wiggsch
fuchtig, wütend
rubbch
ruppig, böse, in Rage sein
wiggsch währn
wütend, fuchtig, stark erregt werden
Rahsche (frz. *rage*)
Aufregung, Wut
Bring mich nich in Rahsche!

sonstige Gemütsregungen

Miehdchn
Gemüt
sei Miehdchn giehln
sich abreagieren
Arschruhe*, dä
phlegmatisches Verhalten, Langsamkeit beim Ausführen von Tätigkeiten
mullmich
vor Aufregung oder Angst flau in der Magengegend sein
diggschn
eingeschnappt sein
Diggsche nich rum!

forrdaddorrd
verunsichert, erstaunt
Dähr hadd dichdch forrdaddorrd geguggd.
fisblich
unruhig hin- und herrutschen (Kinder)
doorchleiorrn
durchdrehen, die Nerven verlieren
närrsch
verrückt, auf etwas ganz versessen sein
rabblich
verrückt, närrisch; auch als Substantiv:
Laßn in Ruhe, dähr hadd heide sein Rabbl.
Laß ihn in Ruhe, der hat heute seinen schlechten Tag.

Von Allwrich bis Zwiggel

die lieben Mitmenschen

Wir Sachsen sind also umgängliche Leute. Gern plaudern wir mal über Gott und die Welt. Gibt das Wetter nicht mehr genügend Gesprächsstoff her, und ist auch gerade mal keine Revolution angesagt, weicht man zwangsläufig auf das dankbare Thema "Die lieben Mitmenschen" aus. Was gibt es Schöneres, als einem Abwesenden mal so richtig die Meinung zu sagen. Doch erst das rechte Wort macht selig, weshalb wir unseren lieben Mitmenschen angemessene Titel und Ehrungen verpassen:

● liebenswerte bis skurrile Mitmenschen

Allwrich, ä
alberner Kerl
Gassborr, ä
Kasper, alberner Mensch

Gassborrgobb, ä
Kasperkopf, vgl. **Gassborr**
Griehwahdsch, ä
lustiger Mensch (eigentlich: schiefgewachsener Mensch) auch für: zu klein geratene Kinder
Raddngewiddorr, ä
seltsame Frau oder Mädchen (lustig gemeint)
ä buddzchorr Zwiggl
ein komischer Kauz
Ulgnuhdl, änne *(Ulknudel)*
besonders witziger Mensch
Freinde, dä
Freunde
Leide, dä
Leute
Bliehde, dä *(Blüte)*
spaßhaft ironische Bezeichnung für Person, die sich dumm anstellt oder etwas verbockt hat
Nieslbriehm, ä
Taugenichts, auch spöttig wohlwollend gebraucht
Nieswurz, ä
wie **Nieslbriehm**
Schusslich, ä
unaufmerksamer, vergeßlicher, deshalb unzuverlässiger Mensch
Gwasselschdribbe, änne
Schwätzer, geschwätziger Mensch
Zabblich, ä
zappliger, unruhiger Mensch (v. a. für Kinder), Zappelphilipp
Wärrschdchn, ä
Würstchen, übertrieben für: bedauernswerten oder schwächlichen Menschen
so ä armes Wärrschdchn
Frosdhugge, änne
Frostköttel/-beule, jemand, der schnell friert

Gäbbchn, ä *(Köpfchen)*
heller Kopf, auch ironisch:
Du bisd aworr ä gluhges Gäbbchn.
Gohglich, ä
Freak, Liebhaber, Mensch, der sich für bestimmte Gebiete besonders interessiert und darin viele Kenntnisse besitzt, z. B. **Briefmahrgngohglich, Fährdegohglich**
ä hohes Diehr
hochgestellte Persönlichkeit
Wundorrdiehr, ä
Genie, Mensch, der scheinbar Wunder vollbringt
Uhnigumm, ä
Unikum, einzigartiger Mensch wegen seines besonderen Witzes oder seiner besonderen Erscheinung

● leichte Schimpfwörter

Binnsl, ä *(Pinsel)*
Kopf, auch abwertend für Menschen
Bläbbs, dorr *(Plebejer)*
Person niederer Stellung, einfältiger, dummer Mensch
Brohd, ä *(Brot)*
dummer Mensch
Dähr is bleede wie ä Dreifunndbrohd!
Drammbl, ä
grober oder ungeschickter Mensch
Dummbufforr, ä
wie **Dussldier**, aber weniger beleidigend
Nischlgobb, ä
jemand, der etwas nicht richtig gemacht hat
vgl. auch **nischln, Nischl**
Gnussborrgobb, ä *(Knusperkopf)*
Bezeichnung für jemanden, der etwas falsch gemacht hat

Glabbsgobb, ä *(Klapskopf)*
jemand, dem man böse ist, der etwas falsch gemacht hat, der rumklapst
vgl. **ä Glabbs hamm** = dumm daherreden, schrullig sein
Loddrich, ä
unordentlicher, unzuverlässiger Mensch (auch als Adjektiv)
Nibbmdidsch, ä
Taugenichts, Spinner
Fliddsbiebe, änne (von *flitzen*)
Spinner
Muffl, ä
behäbiger, fauler Mensch, Griesgram
Mufflgobb, ä
wie Muffel
Morchnmuffl, ä
jemand, der nach dem Aufstehen einsilbig oder gereizt ist
Mährmuhs, ä
langsamer, unflexibler, unsympathischer Mensch
Gerrl, ä
Kerl, junger Mann, Freund eines Mädchens
ä guhder odorr ä schlechdorr Gerrl
Luhlahdsch, ä
großgewachsener Mensch **(langer Luhlahdsch),** auch als leichtes Schimpfwort für junge unhöfliche Menschen
Briechl, Breechl, ä
Prügel (Knüppel), übertrieben für: kräftigen großen Mann
Flähchl, ä
Flegel, unhöflicher Mensch
Reihweisn, ä *(Reibeisen)*
Raubein, rauher Mensch
Schdrohmorr, ä (von: *Strohmeier*)
Vagabund, Rumtreiber (in diesem Sinne auch für kleine Jungen)
ä falschorr Fuffzchorr *(falscher Fünfziger)*
unaufrichtiger, hinterlistiger Mensch
änne forrgrachde Eggsisdens *(verkrachte Existenz)*
Person mit mißratenem Lebensweg, die es zu nichts gebracht hat

● Schwere Beleidigungen

Dussl, ä
Dummkopf
Du Dussl, du!

Dussldier, ä
dummer, einfältiger oder ungeschickter Mensch
vgl. **dusslich**

Drammbldier, ä
wie **Drammbl,** jedoch beleidigender

Glabbsrehse, änne
dummes weibliches Wesen

Gnallooche, ä
Knallkopf

Scharrdeege, änne
dumme, unsympathische Frau

Riehge, änne *(Ricke)*
abwertend für dummes oder geziertes Mädchen

Weibsn, ä
das Weib (abwertend)

Rehse, änne
abwertend für Frauen oder Mädchen
Zigge/Zieche, änne (Ziege)
beleidigend für Frauen
Zimmdzigge/Zimmdzieche, änne
zickige Frau oder Mädchen
Schbinahdwachdl, änne
unsympathische Frau
Dräggschleider, änne *(Dreckschleuder)*
Person, die andere verleumdet
Ehgl, ä *(Ekel)*
unsympathischer, gemeiner, hinterlistiger Mensch
Schiggse, änne
aufgedonnerte Frau
Laggaffe, ä
Lackaffe, aufgeputzter Mann
Luhmich, ä
zwielichtige Erscheinung, Betrüger
Haggsch, ä
Eber; übertrieben für: anzüglich werdender Mensch, geiler Bock
Grühbl, ä
mißlungenes Stück, übertrieben für: böswilligen Menschen
Lahmarsch, ä
langsamer, phlegmatischer Mensch
Roddsbengl, ä
frecher Kerl
Riehbl, ä
Rüpel, Flegel
Rungs, ä
grober Flegel
Baggahsche, dä (frz. *bagage* = Gepäck)
Pack, Gesindel
Bruhd, dä
Gesindel, Gelichter
Gesoggse, iß
asoziale Leute, vgl.: **soggn** = umherlaufen

irgendeinen Charakter hat jeder ...

Allein der Titel macht es aber auch nicht, wenn man einen Menschen bis ins liebenswerte Detail kennzeichnen will. Nun haben wir zwar jahrzehntelang gelernt, alle möglichen Beurteilungen, Einschätzungen, Persönlichkeitsbilder usw. zu verfassen, aber solch treffende Wörter wie die folgenden sind dabei höchst selten benutzt worden.

● Das sind die 'lieben' Zeitgenossen:

giehdch
gütig
guhdmiehdch
gutmütig
gedehche
1. nachsichtig, einsichtig
2. bescheiden, zurückhaltend
sich nich lummbm lassn
spendabel, großzügig sein

● Und das sind die tüchtigen, klugen:

duffde
gut, tüchtig
ä duffdorr Borrsche
ein tüchtiger Junge
ficheland (frz. *vigilant*)
wachsam, umsichtig, aufmerksam, pfiffig
helle
pfiffig, klug
Mihr Sachsen, mihr sinn helle!
figgs
schnell, gewandt, tüchtig
ä figgses Gärrlchn
ein schneller Bursche

Mumm, dorr
Kraft, Mut
Dadorrzu fähldn nu widdorr dorr Mumm.
Dazu hat er nun auch wieder keinen Mut.
Du hasd wo geen Mumm in Gnochn?
Du hast wohl keine Kraft?
gurraschierd (frz. *couragé*)
entschlossen, mutig
feirich
feurig, rassig

● Dann gibt es natürlich auch noch diejenigen, über die man sich ab und zu wundert:

allwrich
albern
neggsch *(necken)*
lustig, hübsch, vgl.: **ä Neggsch** = Weiberheld
ä neggsches Weib
ullgch
ulkig, komisch, lustig
eenzch *(einzigartig)*
komisch
Das iß ä eenzcher Gnobb.
Das ist ein komischer Kauz.
mäschugge (jidd. *meschuggo*)
verrückt
miggrich
sehr klein, unterentwickelt

● Über manche Mitmenschen ärgert man sich auch, und zwar aus ganz bestimmten Gründen:

loddrich
unordentlich, liederlich

lummbch
lumpig, erbärmlich, nachlässig gekleidet
dallborrd
ungeschickt
Nimm deine dallborrdn Fohdn weg!
dusslich
dumm, einfältig, schwer von Begriff
Schdelldch nich so dusslich an!
bleede
blöd
dummährich
dumm, schwerhörig
Gwaddsch nich so dummährich rum!
Red nicht solchen Unsinn!

> Im Unterricht
>
> Die Lehrerin fragt: "Wißt Ihr eigentlich, daß zuviel Bier dumm macht?" Peter antwortet:
> - **Da missde aworr mei Babba schon bleede sein!**

● Einige Zeitgenossen werden auch wegen einer exzentrischen Charaktereigenschaft gerügt:

iewlnähmsch
übelnehmerisch, leicht einschnappend
ieworrgandiehld *(überkandidelt)*
überzogen, übertrieben, hochnäsig
Gugge dihr ma dähr ihre ieworrgandiehdlde Glädahsche an!
Guck dir mal ihre übertriebenen Sachen an!
großmohblich
angeberisch, übertrieben
mähglich
mäkelnd, nörglerisch, auch als Verb: **mähgln**

oggßch
uneinsichtig, störrisch (wie ein Ochse) sein
geizch
geizig

● Zum Schluß noch ein paar der übleren Angewohnheiten:

flähdzsch
ungezogen sein
roddßch
verschnupft, frech
roddsfrech
besonders frech, vgl. **Roddsbengl**
beese
böse
gerrmeene
gemein

schooflich (von jidd. *Schofel* = schlechte Ware)
gemein, hinterhältig, undankbar

Liehwe Bährchorr!

Amtssächsisch

Amtsdeutsch ist für den Bürger, egal welcher Provenienz, in der Regel ein Buch mit sieben Siegeln. Wie der folgende Auszug aus den für Sachsen neuen Anträgen auf Wohngeld verdeutlicht, ist es gar nicht so einfach, alles richtig zu verstehen und zur Zufriedenheit der Beamtenschaft auszufüllen. Deshalb schlagen wir eigens für die Bewohner des Freistaates Sachsen folgende überarbeitete Variante vor:

Antrag auf Wohngeld (Mietzuschuß)

Schreiben Sie bitte in Druckschrift und kreuzen Sie Zutreffendes an ☒
Beachten Sie bitte auch die beiliegenden Erläuterungen. Erläuterte Zeilen s
☐ versehen, wie z. B. Zeile 2

☐ Erstantrag
☐ Wiederholungsantrag wegen Ablaufs des Bewilligungszeitraumes frühestens zwei Monate vor Ablauf des Bewilligungszeitraumes)
☐ Erhöhungsantrag

Wohngeld-Nummer ◀ Falls Ihnen die Wo bekannt ist, bitte ei

An das
Bürgermeisteramt

Nicht ausfüllen!
Ordnungsbegriff
RP | Kreis | Gemeinde | Fall-Nummer | PZ | Beleg-Nr | WOG Art | Antrags-Art | Entscheidung | Antragsdatum Tag | Monat | Jahr

Antragsberechtigt ist, wer den Mietvertrag unterschrieben hat. Haben mehrere Familienmitglieder den Mietvert gemeinsam abgeschlossen, ist das Familienmitglied mit den höchsten Einnahmen antragsberechtigt.

1 **Antragsteller/Antragstellerin** (Familienname, ggf. Geburtsname) (Vorname) (Geburtstag)

Anschrift (Straße, Hausnummer, Stockwerk, ggf. Wohnungsnummer, Postleitzahl, Ort, ggf. Telefonnummer)

☐ getrennt lebend ☐ geschieden ☐ verwitwet ☐ Pensionär ...sionärin

Andrahch um Gnähde forr dä Bubborrzche

Ärrschdandrahch gee Ärrschdan-drahch mähr, weil-de Frissd forr dä Bewillchung ab-geloofn is	Schreimsä bidde in Drugg-schriffd un greiznses Jeweil-che an. Duhnsä ooch off dä beigefiechdn Erleidorrungn guggn. Erleidorrde Zeiln hamm ä Fänsdorr, gugge ma in Zeile 2
Andrahch for mähr Giehs	dä Nummorr forr dä Gnähde ◂ Wennsä dä Nummorr ◂ wissn duhn, duhnsä ◂ se neinschreim.

Ans Bährchorrmeesdorrammd

Nischd neinschreim

/ohnrc
/Ihre Ve
aufwa
nein
itlich (z.
...ich ge

1	Ä Andrahch gann nur dähr schdälln, dährde dazema ooch sei Wilhällm undorrn Miehdforrdrahch gesäddsd had. Wennde das mähr als wie eenorr is, duhd dähr alles offschreim, dährde dä mährschde Gnähde grichd. Andrahchschdällorr/Andrahchschdällorrin (Famielchnnahme, fillei ooch Geboordsnahme) (Fohrnahme) (Geboordsdahch) Adrässe (Schdrahse, Hausnummorr, Schdoggwährg, fillei ooch Wohnungsnummorr, Bossdleidzahl, Orrd, fillei ooch dä Deelefohn-nummorr)
2	Sinn Sie odorr ä andres Famielchnmiddglied manchema odorr effdärrsch nich dorrheeme? nee ja Nahme:
⋮	⋮
5	Wähn seine Bubborrzche isn das, in dähr Se wohn? Nahme, Anschriffd:
6	Seid wann duhn Sien in dähr Bubborrzche wohn? Dahch, Mohnadd, Jahr

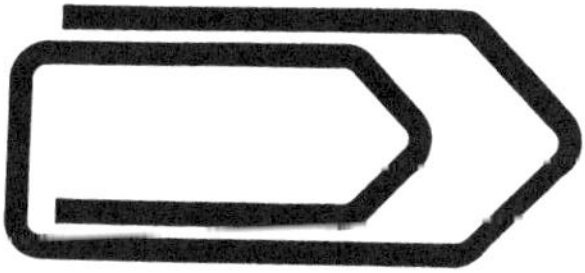

Bürohglammorr

Die lockere Sprache des Alltags

Das hohe C der sächsischen Sprachkultur wird allerdings nicht in Kanzleien und öffentlichen Reden gesungen, sondern im Alltag. Nachdem sich der Leser schon gewisse Grundkenntnisse des Sächsischen aneignen konnte, möchten wir ihn jetzt auch in die tieferen Geheimnisse der Umgangssprache einweihen.

Kontaktpflege

Moorschn!
Guten Morgen!
Nahmd!
Guten Abend!
Wissnse manchema ...?
Wissen Sie vielleicht ...?
Wie schbähde issesn off deinorr Garrdoffl?
Wie spät ist es auf deiner Uhr?
Mei Guhdsdorr!
Mein Bester! universelle freundliche Anrede
Adeh!, auch: **Addjeh!**, **Addschä!** (frz. *adieu*)
Tschüß!
Schissi!, **Dschiß!** (frz. *adieu*)
Tschüß!
Danggescheen!
Danke schön!
Hä? bzw.: **Hä!**
im schlechten oder vulgären Sächsisch je nach Intonation:
- fragend: Was, was ist los?
- rückfragend: Oder etwa nicht?
- herausfordernd, provozierend, beleidigend

Se währn endschulldchn ...!
Entschuldigen Sie bitte ...! (Einleitung einer Frage)

Freude

Das war fillei ä Fehds!
War das ein Spaß!
Das fluddschd aworr heide!
Das klappt aber heute gut!
S'iß zum Biebm.
Es ist zum Kaputtlachen.

Zustimmung und Bekräftigung

Ähm!, auch: **Ähmd!**
Eben! (Bekräftigung einer Aussage)
Ährlisch!
Ehrlich!
Duffde! (jidd. *toff(te)* = ausgezeichnet)
Gut gemacht! Fein! ...
Gnohrge!
fein, gut, toll
Meinswähchn.
Meinetwegen.
Nu nu!
Ausdruck der Zustimmung (um Dresden)
Nu glahr!
Klar!
Oija!
nachdrückliches ja, doch
Weesgnebbchn!
Tatsächlich!

Ablehnung und Desinteresse

Biß schdille!
Bist du wohl ruhig!

Ächa!, auch: **äscha!**
Nein!
Dich mach'ch zorr Minna!
Dich mache ich zur Schnecke!
Du gannsd mich fimmforrn!
Du kannst mir gestohlen bleiben!
Du gannsd morr mahn Buggl nundorruddschn!
Du kannst mich mal ...!
Du gehsd morr offm Geegs!
Du bist mir lästig!
Iwou!
Nein, nicht doch!
Glodds mich nich so an!
Starre mich nicht so dumm an!
Gwaddsch geene Ohborrn! (von *Oper*)
Red nicht soviel!
Machdch ausm Schdoobe!
Verschwinde!
Mihr iß sowieso alles Worrschd!
Das ist mir sowieso alles egal!
Forr michs eens!
Mir ist das egal!
Zieh Leine!
Hau ab!

Ermahnungen und Aufforderungen

Aworr, aworr!
Aber, aber! (leichte Ermahnung, daß jemand etwas Unrechtes tut)
Brich dorr geen Zaggn aus dorr Grohne!
Sei nicht so überheblich!
Dalli!
schnell, eilig
meist doppelt: **Dalli, dalli!** Beeilung!

Mach ämah ä bißchn dalli!
Beeil dich mal ein bißchen!
Deesd ma nich so rum!
Macht nicht so laut!
Du wärrschdch umguggn!
Da wirst du dich aber wundern!
Gwaddschämah nich so rum!
Erzähle nicht solchen Unsinn!
Mache geeh grohses Gesummsä!
Rede nicht so viel drumherum!
Horch druff!
Hör zu!

erstaunen, erschrecken und frohlocken

Ähdsch!
Frohlocken über eigenes Glück oder anderer Mißgeschick
Da binnch ächd baff!
Da bin ich aber echt erstaunt!
Da fräßchn Bähsn!
Wenn das stimmt, freß ich einen Besen!
Dähr gann ä Schwein hamm!
Hat der ein Glück!
Donnerliddzchn!, Dunnorrliddchn!
Donnerwetter!
Ei forrbibbch!
Ausruf des Erstaunens:
Na sieh mal an!, Unglaublich!
aber auch:
Das ist aber danebengegangen!

Härrjehmorrschnee!
Herrjemine! (Ausruf des Erschreckens)
Haßde Deene?
Hast Du Töne! Ist denn das zu glauben?
Hißdä!, auch: **Sießdä!**
Siehst du! Das kommt davon!
Na ähmd!
Na eben! Ach ja, so ist das!
Oor!
Oh! Ausruf des Erstaunes
Sähnse!
Sehen Sie!
Sähnse, ich habbs glei gesahchd!

schimpfen, fluchen und schlimmer

aushäggn
etwas Dummes ausdenken, Unsinn planen
forrgohln
jemanden an der Nase rumführen
forrhonebiebln, forrgaggeiern
jemanden veralbern
moggiehrn (frz. *se moquer*)
sich über jmd. lustig machen, sich abfällig oder spöttisch äußern
schuriechln
jemanden ärgern, schikanieren, jmd. das Leben schwer machen
anflaumn, follflaumn
beschimpfen
Baddsch, dorr
Ohrfeige; elektrischer Schlag
haun, buchn *(pochen)*
schlagen
forrwammsn
verhauen, verprügeln
abmurgsn
umbringen

Das alles kann einem zustoßen. Damit man aber bei folgenden 'Freundlichkeiten' wenigstens nicht noch, wie häufig im Ausland, aus Unkenntnis lächelt, präge man sie sich gut ein!

Glodds mich nich so an!
Starre mich nicht so an!
Du hasd ja ä Gnall / ä Glabbs!
Du spinnst ja!
Du hasd ja ä Bieb!
Du hast ja einen Vogel!
Bei dihr biebds wohl?
Du spinnst wohl?
Bei dihr gommse wo?, Bei dihr boomds wo?
Du spinnst wohl?
Du hasd ja ä Digg! (von frz. *tic* = Unart)
Du hast ja eine Macke!
Du hasdse wo nich alle!
Du hast wohl nicht alle Tassen im Schrank!
Du hasd wo ä Forrds in Gobbe!*
Du hasd wo ä Forrds gefriehschdiggd!*
Du bist wohl nicht ganz dicht!
Dihr gänndch ä baar gladdschn!
Dir könnte ich ein paar Ohrfeigen geben!
Ich lahdschdorr glei ä baar!
Ich gebe dir gleich ein paar Ohrfeigen!

I'm säggsy

Eine beliebte Stätte des Kennenlernens ist noch immer der Tanzsaal - auch **Disgou** genannt. Die unterschiedlichen Arten des Aufforderns sind wohl hüben wie drüben ähnlich. Von "**Dahrfch biddn?**" über "**Gomm, Bubbe!**" bis hin zum bloßen Kopfnicken in Richtung Tanzfläche, was da heißen soll "**Nu mach schon, sonsd nähmch nä**

andre!", sieht man die unterschiedlichsten Umgangsformen. Hier müssen Sie in Sachsen nichts Besonderes beachten. Immer kühn voran, denn wie Sie wissen, sind die sächsischen Mädels echt **säggsy.** Wenn man dann auf der Tanzfläche steht, ist es jedoch oft so laut, daß man sich sowieso nicht unterhalten kann. Außer Mini-Dialogen ist da nichts drin. Hüten Sie sich aber bitte vor solchen Aussagen wie "**Ich schwiddse wien Schwein, Freilein Sie ooch?**", das hören die jungen Damen gar nicht gern.

Im Tanzsaal

- **Hassde schon middorr Dochdorr fonn Bährchorrmeesdorr gedansd?**
- **Nee, das Schwein haddch noch nich!**

Die Sprache der **Liehwe** soll angeblich überall in der Welt verstanden werden. Es ist ja auch immer dasselbe: Da kommt so ein **Bussierschdängl, Neggsch, Sießhahn** oder **Schärrznjähcher, gwaddschd** die Dame an, man **bussiehrd,** es kommt zum **Gißchn** oder **Gnuhdschorr** mit anschließendem **Gnuhdschflägg,** man **gnuhdschd** und **guschld/huschld,** und zum Schluß ist man **ä Bährchn.** Die neugierigen Nachbarn können sich Bemerkungen wie "**Die hadd schohne widdorr ä nein Scheegs!**" oder "**Hasde dänn seine Ihsche/ Bummfcha gesähn?**" nicht verkneifen. - Aber was tut's!

Einverständnis

Er zu ihr:
- **Weesde Friedl, mihr hamm nu nein Gindorr, das reechd, ich boofe ab heide offn Gorridoor.**

Sie zu ihm:
- **Wenndä meensd, dasde das hällfn duhd, gommch mid.**

Mißverständnis

- **Wo wahrsdn in Oorlaub?**
- **In Baries.**
- **Du Schwein!**
- **Ä, nich was du dänggsd, ich hadde meine Frau mid!**
- **Du dummes Schwein!!!**

Der schon mehrfach gepriesene sächsische Humor spiegelt sich nicht zuletzt in zahlreichen "hausgemachten" Gedichten wider. Ob zur Geburt, zu Geburtstagen, zu Jubiläen, sonstigen Höhepunkten oder aber Hochzeiten – es wird gedichtet, was das Zeug hält. Eigentlich ist es ein Jammer, daß nur wenige dieser Kunstwerke breiteren Kreisen zugänglich gemacht werden.

Fast historischen Wert hat das folgende Tafellied, welches 1950 entstand und zu einer Hochzeit vorgetragen wurde.

Dahfllied

In Bad Elster off dorr Lauorr
lahch aus Riehse Fridse Bauorr.
Un zorr selbm Zeid zum Gligge
war Roswihda dord, das Schdigge.

Beede lahdschdn erschd alleene
dohrch dä Landschafd dord, dä scheene,
bis se - soll morrsch Zufall nenn? -
sich beim Dansn lerndn genn.

Feier fingn ihre Härrdsn,
branndn lichdorrloh wie Gärrdsn.
Romahne heeßn solches Gligg:
Liehwe offn erschdn Bligg!

Doch wies eega gehd im Lähm:
Sä mussdn schließlich Abschied nähm.
Un sä dahdn sich forrschbrächn,
nie dä Dreie mähr ze brächn.

Richdch un ährlich, ei dorr Daus,
gahm dorr junge Mann ins Haus,
fing fon Liehwe an ze gwassln
un noch andres Zeich ze massln.

Fahdorr Osgar hährd sichs an
un erwidorrde ihm dann:
"Meine Dochdorr gennse griechn!
Sä duhd mihr sähr am Härrdsn liechn.

Un sofiel ich sähen gann,
begommdsä da ä dichdchn Mann.
Nur, mei Guhdsdorr, nich so eilich!
Meine Ruhe is mihr heilich!

Mihr wolln eich erschd ma briefn lassn,
ob ihr richdch zesamm duhd bassn.
Andorrsch wahrsch bei meinem Sohn!
Dähr gennd sei Mähchn lange schon!

Beschnubborrn dahdns'ch nu die beedn.
Dorr Fahdorr war in hellen Needn,
denn dorr schdährmsche junge Mann
fing bald fon Forrlohbung an.

Roswihda blies ins selbe Horrn.
Da war dorr Fahdorr glei forrlohrn!
Fiele wolldns garnich glohm,
dass'ch Roswihda dahd forrlohm.

Doch in dorr Zeidung gonnd morrsch lähsn,
wer dorr junge Mann gewähsn,
der Himmlfahrd dän Muhd sich nahm
un undorr dän Banduffl gahm.

Un ferrzn Dahche schbädorr schon,
da war dähr junge Schwiechorrsohn
Beamdorr hier in unsrorr Nähe,
damidorr offd sein Breidchn sähe!

Was aworr machd das gleene Luhdorr?
Sä fährd mid Schwächorin un Bruhddorr
an Ostseeschdrannd! - Dä Riggsichdslohse!
Dorr Guhde aworr hadde große -

Sähnsuchd! Dahd schon gaum noch ässn.
Ich dähdähr sowas nich forrgässn.
Ich wärrds ja ma genauso machn!
Da häddse aworr nischd ze lachn!

Wie dem ooch sei: Am heidchn Dahche
forrgässmorr diese alde Sache
un frein uns an dem hibbschn Baar
un seinorr gimmfdchn Gindorrschahr.

Un alle, die beisamnnsiddsn
un ieborrm Hochzeidsschmause schwiddsn,
die hehm dä Gläsorr, schdoßn an
un ruhfn follorr Inbrunnsd dann:

Hoch lähbm Fridse und dä Braud,
die mihr heide hamm gedraud!!!

Leider drückt man sich nicht immer so gewählt aus, wenn es um Geschlechtliches geht. So trifft man im Sachsenland auch auf solche Begriffe wie:

Ballgong, dorr *(Balkon)*	Vorbau
Biggse*, dä *(Büchse)*	Dose
Bimml*, dorr, Schniebl*, dorr	Pimmel, Schwanz
fehchln*	vögeln

Der dreijährige Thomas kommt in den Bäckerladen gestürzt und fragt:
- **Hammse Härrnchn?**
- **Nu glahr, hammorr Härrnchn.**
- **Nu, da schdohsnse ma.**

Dä buggliche Forrwandschaffd

Schon manches Unglück hat mit einer harmlosen Liebe begonnen. Bevor Sie sich Hals über Kopf in ein amouröses Abenteuer stürzen, bedenken Sie, daß man sich auch in Sachsen außer einer Frau oder einem Mann unter Umständen eine ganz schöne **Blahse** anheiraten kann:

buggliche Forrwandschaffd, dä
ironisch für "die lieben Verwandten"
Blahse, dä; Geräddse, iß; Mischbooche, dä
abwertend für (meist sehr umfangreiche) Verwandtschaft
Famielche, dä
Familie
Sänggorr, dorr (*Senker* = Ableger)
Nachwuchs
Wännsdorr, dä (von *Wanst*)
Blagen
Dochdorr, dä
Tochter

Dannde, dä
Tante
Onggl, dorr
Onkel
Grohsmamma, Oumah, dä
Oma
Grohsbabba, Oubah, dorr
Opa
Schdiefmuddorr, dä
Stiefmutter
Schdiefbabba, dorr
Stiefvater
Schwiechorrmuddor, dä
Schwiegermutter
Schwiechorrbabba, dorr
Schwiegervater

Rähschnwährmorrgrieschn

Was bedeutet "**Rähschnwährmorrgrieschn**"? - Na, ganz einfach: "Regenwürmer kriechen." oder: "Regen werden wir kriegen."

Wer zu Fuß oder mit Verkehrsmitteln unterwegs ist, muß natürlich mit allen Witterungsunbilden fertig werden. Wenn Regen angesagt ist, sollte man unbedingt seine **Guhchnbuhde** oder **Muhsschbriddse** mitnehmen, damit man nicht von einer **Flooche** in Verlegenheit gebracht wird. Obwohl - **änne Flooche** geht ja noch, das ist nur ein kurzer Regenguß, aber es kann ja auch schlimmer kommen:

es sieforrd	es nieselt
es bingglد	es regnet Bindfäden
es maddschd	es schüttet
es seechd/schiffd	es schifft
es drahschd/blahschd	es gießt, es pladdert

Also wie gesagt, nehmen Sie Ihren Schirm mit und denken Sie dran: Besser eine erfrischende **Flooche** als eine tagelange **Dämmse. Sä wissn nich, was änne Dämmse is? Illorrnse doch emah indä Wogaabllisde!**

Bäbbse, dä	Schlamm
Aggor, dorr	Acker
Bäbborrmummbe, dä	aufgeweichter Sand, in dem Kinder spielen (Burgen bauen, Kuchen backen usw.)
bäbbsn	in **dorr Bäbborrmummbe** spielen
Bohm, dorr	Baum
Dämmse, änne	schwüle Luft, Hitze
maddschn	feucht sein
Flooche, änne	kurzer Regenguß
biddschemahdnnaß/biddschenaß	völlig durchnäßt
Guhchnbuhde/Muhsschbriddse	Regenschirm
Seechamsl, änne	Ameise
Mohdschegiebchn, iß	Marienkäfer
Gangger, ä	Spinne mit langen Beinen

Offm Däbbchn

Es ist schon erstaunlich, wie ein und derselbe biologische Vorgang auf tausendundeine Art und Weise sprachlich umgesetzt werden kann. Auch wir Sachsen haben uns dabei Mühe gegeben:

Däbbchn, iß	Töpfchen
Middorrnachdswahse, dä	Nachttopf
Gloh, iß	Klo
Seechbuude*, dä	öffentliche Toilette
Bissbuude*, dä	Pissbude
binggln	pinkeln, pillern

bulln*	pissen
bullorrn	Pipi machen (Kindersprache)
schiffn gehn*	schiffen gehen
seechn*	seichen
Seeche*, dä	Pisse
buhbsn	pupsen, einen ziehen lassen
Buhbs, dorr	Pubs
Gnährblchn, dä	kleine Köttelchen (bei Kindern)
gaggn*	scheißen, kacken
gaggorrn, gäggorrn	groß machen (Kindersprache)
gähgn	kotzen

Beim Arzt

- **Härr Doggdorr, Härr Doggdorr, ich habbe chedn Dahch um säggse Schduhlgang!**
- Aber mein Herr, da können Sie doch von Glück reden! Manch einer wäre froh, wenn er so regelmäßig gehen könnte.
- **Nu cha, ich währ aworr immorr erschd halb siehme mundorr.**

Abschlußtest

Nachdem Sie nun unsere kleine sächsische Sprachhilfe durchgearbeitet haben, geben wir Ihnen zum Schluß die Chance, das neuerworbene Wissen nachzuweisen. Schreiben Sie die gesuchten sächsischen Wörter senkrecht in die Kästen.

De Leesung in dorr erschdn Zeile is ä Word, wiemorr mid seinorr scheen Zeid nich umschbring sollde!

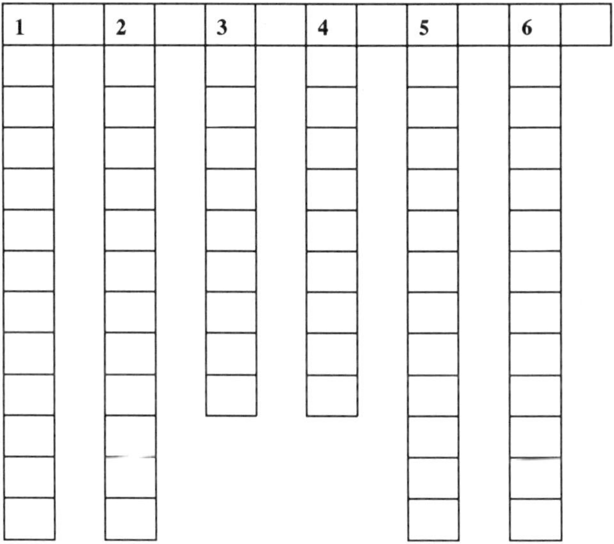

1) **änne rießche zweedeelche Diehre**
2) **Diehre, die gomm, wenns draußn binggln duhd**
3) **änne dichdch anrichche Lähmsahrd**
4) **was fom Bäggorr mid Schoggelahde drummrumm**
5) **Grienzeich forr de Subbe odorr forrn Sallahd**
6) **wennde Gnochn inn Gährborr wehduhn**

Lösungen: 1. Fliechldiehre; 2. Rähschnwärmer; 3. Loddorlähm; 4. Mohrngäbbe; 5. Beedersielche; 6. Reihmadissmus; **Lösungswort:** FORBLÄMMBORN

Literaturhinweise

Sollte es Sie nun nach weiterer Lektüre in oder über Sächsisch drängen, können wir folgende Bücher empfehlen:

- **Kurt Gerhard Franke, Ei forrbibbch - 1000 Wörter Säggs'sch,** Leipzig 1986. Umfangreiche und gewissenhafte Wortsammlung in Lautschrift. Einige mundsprachliche Texte.
- **Gunter Bergmann, Kleines sächsisches Wörterbuch,** Leipzig 1990. Wissenschaftliche Wortsammlung, die alle Mundarten im sächsischen Raum erfaßt. Durch Schreibung in Hochdeutsch leidet jedoch die Anschaulichkeit.
- **Horst Becker, Sächsische Mundartenkunde,** Halle 1969. Grundlegendes wissenschaftliches Werk zu den Mundarten im obersächsischen Gebiet; nur etwas für Linguisten.
- **Bernd-Lutz Lange, Deutsch - Sächsisch, Machense geene Fissemaddenzchn!,** Frankfurt am Main 1991. Satirische Texte in Lautschrift und Wörterlisten nach Sachthemen geordnet.
- **Walther Appelt, Muttersprache weiß und grün,** Leipzig 1989. Sammlung von Kurzgeschichten unterschiedlichster Thematik in Lautschrift.

Kauderwelsch "Dialekt"

Die Sprache des Alltags - ohne Wenn und Aber:

Richard H. Kölbl
Bairisch
- das echte Hochdeutsch
ISBN 3-89416-306-2

Michael Thiergart
Kölsch - das Deutsch
der Domstadt
ISBN 3-89416-305-4

Beyerl, Hirtner, Jatzek
Wienerisch
- das andere Deutsch
ISBN 3-89416-269-4

Isabelle Imhof
Schwiizertüütsch - das Deutsch der Eidgenossen
ISBN 3-89416-261-9

Das Deutsch, das man in der Schule lernt, ist eine Sache, das, was die Leute sprechen, eine andere.

Die Dialekt-Bände der KAUDERWELSCH-Reihe vermitteln einen amüsanten Einblick in die verschiedenen Mundarten des Deutschen, ohne ein Blatt vor den Mund zu nehmen. Wer nicht nur verstanden werden möchte, sondern auch verstehen will, "was Sache ist", dem seien diese Titel empfohlen.
Jeder Band bietet ca. 1000 Wörter und Wendungen aus dem Alltagswortschatz, praxisnah geordnet und anschaulich erläutert. 96-128 Seiten, mit vielen originellen Zeichnungen illustriert, die für jeden eine Menge Interessantes und Witziges bieten.
●Kostenpunkt. DM 14,80

REISE KNOW-HOW Verlag Peter Rump GmbH, Bielefeld

BLÜTENESSENZEN komplett

NEU!!

Durchgehend illustriert, durchgehend farbig. Dieses einmalige Nachschlagewerk liefert ausführliche Informationen zu **über 750 Blütenessenzen nach der Methode von Dr. Bach:** Thema, Anwendung, Wirkung, botanische Information, Akupunkturpunkte, Hersteller, Bezugsmöglichkeiten, detaillierte Register.

ISBN: 3-89416-780-7

832 Seiten, über 700 Abb., komplett in Farbe, fester Einband, 22 x 16 cm, DM 89.-

Alle Blütenessenzen von **Aditi Himalaya Ess. (IND), Alaskan Flower Essence Project (USA), Aloha (USA), Araretama (BR), Bailey (GB), Bloesem Remedies (NL), Blütenarbeitskreis Steyerberg (D), Bush Flowers (AUS), Desert Alchemy (USA), FES (USA), Fox Mountain (USA), Healing Herbs (GB), Horus (D), Irisflora (D), Living Essence (AUS), Master's (USA), Milagra Bachblüten (CH), NZ Flower Ess. (NZ), Noreia (A), Pacific Essences (CDN), Phytomed (CH), Sardinian Remedies (I), Yggdrasil (D).**

Edition Tirta

im **Reise Know-How Verlag Peter Rump GmbH, Bielefeld**

(Fordern Sie unser kostenloses Informationsmaterial an)

Mehr als „nur“ Reiseführer!

Spezialitäten von Reise Know-How:

384 Seiten, viele Abbildungen, broschiert, DM 32,80

USA für Sportfans

Alles über American Sports: Regeln, Stadien, Vereine, Ligen, Praxistips: Wer spielt wo, wo gibt es Karten, wie kommt man hin, der totale Durchblick - vor Ort oder vorm Fernseher.

324 Seiten, Farbfotos, fester Einband, DM 36,00

Das Yanomami Massaker

Rüdiger Nehbergs fesselnder Bericht über seinen Kampf gegen die Goldsuchermafia in Brasilien. Spannend wie ein Krimi, brisant wie eine Spiegelreportage.

312 Seiten, viele Fotos, broschiert, DM 29,80

Bali - ein Paradies wird erfunden

Wieso wurde Bali zur Trauminsel? Interessanter und packender hat noch keiner die Geschichte Balis erzählt. Nach der Lektüre versteht man die Balinesen wirklich.

408 Seiten, viele Fotos, broschiert, DM 32,30

Outdoor Praxis

Das komplette Handbuch für jedes Outdoor-Abenteuer. Tips und Tricks, die weiterhelfen. Nützlich von der Vorbereitung bis zum Ende jeder Unternehmung in der freien Natur.

216 Seiten, viele Fotos, broschiert, DM 24,80

Die Wolken der Wüste

Dieses Buch fesselt jeden Liebhaber der Wüste. Begleiten Sie den Tierpfleger Harrison auf seinem traumwandlerischen Kamelritt durch den Maghreb. Ein romanhafter Reisebericht der Spitzenklasse!

Bei REISE KNOW-HOW sind einige Leckerbissen erschienen, die wir besonders empfehlen möchten, sei es als Nachschlagewerk, als spannende Lektüre unterwegs oder zum besseren Verständnis einer Region und deren Menschen. In unserem Gesamtkatalog finden Sie weitere Titel, die mehr sind als „nur“ Reiseführer.

REISE KNOW-HOW Verlag Peter Rump GmbH, Bielefeld

Register

C / D

E

F

G

H

I

J

L

M

N

ERGÄNZUNGEN

ER
GÄN
ZUN
GEN

ER
GÄN
ZUN
GEN

Die Autoren

Eva-Maria Bendixen, geb. 1954 in Dahlen (Sachsen) - also dort, wo Sächsisch in Reinkultur gesprochen wird - bemühte sich bereits im zarten Windelalter, der sächsischen Sprache mächtig zu werden. Ein Ortswechsel nach Leipzig bereitete ihr keinerlei Schwierigkeiten, konnte sie sich doch mittlerweile gewählt sächsisch artikulieren.

Klaus lernte sie in Südostasien kennen, wo sie versuchte, laotischen Studenten die deutsche Sprache näherzubringen. Daß sie dabei den einen oder anderen sächsischen Ausdruck vermittelte, versteht sich von selbst.

Als Fremdsprachenlehrer kennt sie die Gefahren des Umgangs mit einer anderen Sprache und steht deshalb gern allen Nichtsachsen hilfreich beim Erlernen des Sächsischen zur Seite.

Klaus Werner, geb. 1956 in Sachsen-Anhalt, saugte das Nordosterländische, eine sächsische Mundart, mit der Muttermilch ein. Kaum der Schule entronnen, verschlug es ihn für zehn Jahre nach Osteuropa und Asien, wo er europäische und asiatische Fremdsprachen erlernte. Dabei hatte er genügend Gelegenheit, vergleichende Sprachstudien zu betreiben und sich der Einzigartigkeit seiner Muttersprache bewußt zu werden.

Nach der deutschen Einheit stieß er bei den westlichen Nichtsachsen auf manche Wissenslücke bezüglich des Sächsischen. So wurde es zu einem rückbesinnlichen Hobby, gemeinsam mit Eva-Maria seinen Mutterdialekt zu Papier zu bringen.

Die Autoren danken allen, die mit dazu beigetragen haben, möglichst viele authentische Begriffe aufzunehmen. Wer das Büchlein mit weiteren sächsischen Wörtern und Redewendungen bereichern möchte, schreibe an die Verlagsadresse.